大規模修繕 どこまでやるの いつやるの

新建叢書—❶

大槻博司 著

あれもこれもまとめてやるだけが大規模修繕ではない
一般論に惑わされず、納得できる大規模修繕のために
この道25年の専門家の数多くの実践から
マンション維持管理のハードとソフトを総合的に学ぶ

天地人企画

はしがき

この本は、分譲マンションに住んでいて、築10年目あるいは22年目くらいに、運よく（悪く？）管理組合の役員の順番が回ってきたみなさんに読んでいただくと面白い本です。

日本にマンションができ始めた50年ほど前には誰も想像しなかった「大規模修繕工事」というものが当たり前になり、しかもそれが建設業界のなかで大きな市場規模をもつようになりました。新築工事の激減とともに業界はリフォーム市場にシフトしてきていますが、そのなかでもマンションの大規模修繕ほど安定的で確実な市場はありません。マンションの管理組合は、大規模修繕のためにみんなで積み立てて確実にお金を貯めています。マンションの管理組合は倒産しません。そして大規模修繕は十数年に一度、必ずやってきます。こんなおいしい市場はめったにありません。

私たちが三十数年前に管理組合の支援を始めた頃は、マンションの外壁塗装は街のペンキ屋さんの仕事でした。それはメーカーも建設会社も設計事務所も、誰も見向きもしない仕事でした。私たちも当時はほとんどボランティアでした。しかし、６０００億円市場となった今、三十数年前には見向きもしなかった人たちが修繕積立金に群がり、貯まっているお金を全部使わせようとします。いわく、

「築10年を過ぎたので早く大規模修繕を」

「外壁だけではなく屋上防水も廊下やバルコニーの防水も、全部まとめてするのが大規模修繕です」

「築25年過ぎたので給排水管を取り替えなければなりません」

本当だろうか？　『専門家』の言うとおりにやらずに、もし何か問題が起こったらどうしよう、役員が批判される。修繕積立金を使い切ってしまっていいのだろうか。たまたま役員が回ってきただけなのになぜこんなに悩まなければならないのだろうか。

この本で少しだけ勉強してください。そして管理組合の立場に立ってくれる専門家を探してください。

２０１６年10月

大槻　博司

目次

8 マンション再生の展望

1　管理組合の大仕事　大規模修繕

Q

10年たったら大規模修繕？

管理会社から「来年で築10年ですから、そろそろ大規模修繕の準備を始めなければなりません。大規模修繕は外壁だけではなく、廊下やバルコニーの床、屋上防水も一緒に工事をするのが一般的です」と言われました。

本当に大規模修繕が近づいているのか、いつ頃を目標に進めたらよいのか、具体的にはどうやって進めればよいのか等々、管理組合、理事会としては何をどうすればよいのかすぐには考えられません。どう対処したらよいでしょうか。

A

いつやるかは築年数では決まらない

国土交通省の「長期修繕計画ガイドライン」でも、大規模修繕工事は

外壁塗装材の一般的な耐用年数から12年周期をめやすに設定されています。しかし、12年経過したからといって必ずしも大規模修繕をしなければならないわけではなく、築15～16年目という例はたくさんあります。いつやるかは建物自身がそれを示唆してくれます。また、大規模修繕工事の範囲も決まったものはありません。

1　大規模修繕工事――調査から完成までの大まかな流れ

（1）30年前は単なる塗装工事だった

マンションの維持管理のなかの大きな仕事の一つに大規模修繕工事があります。今では、十数年に一度は全体的な修繕、改修を行うことはほぼ常識として認識されるようになりましたが、１９８０年代中頃まではまだ常識ではなく、鉄筋コンクリートなのだから、何もしなくていいのではないかと思っている人がたくさんいました。

私たち建築の専門家も、そういう補修や塗替えの仕事は専門工事会社が直接やるもので、ゼネコンや設計事務所が関わるとはまったく思っていませんでした。それから30年、大規模修繕工事が当たり前になり、それに関わる仕事は、新築工事の減少とともに建設業界のなかでその割合が増加し、大きな市場として認識され、設計事務所や施工会社の参入が急増しています。

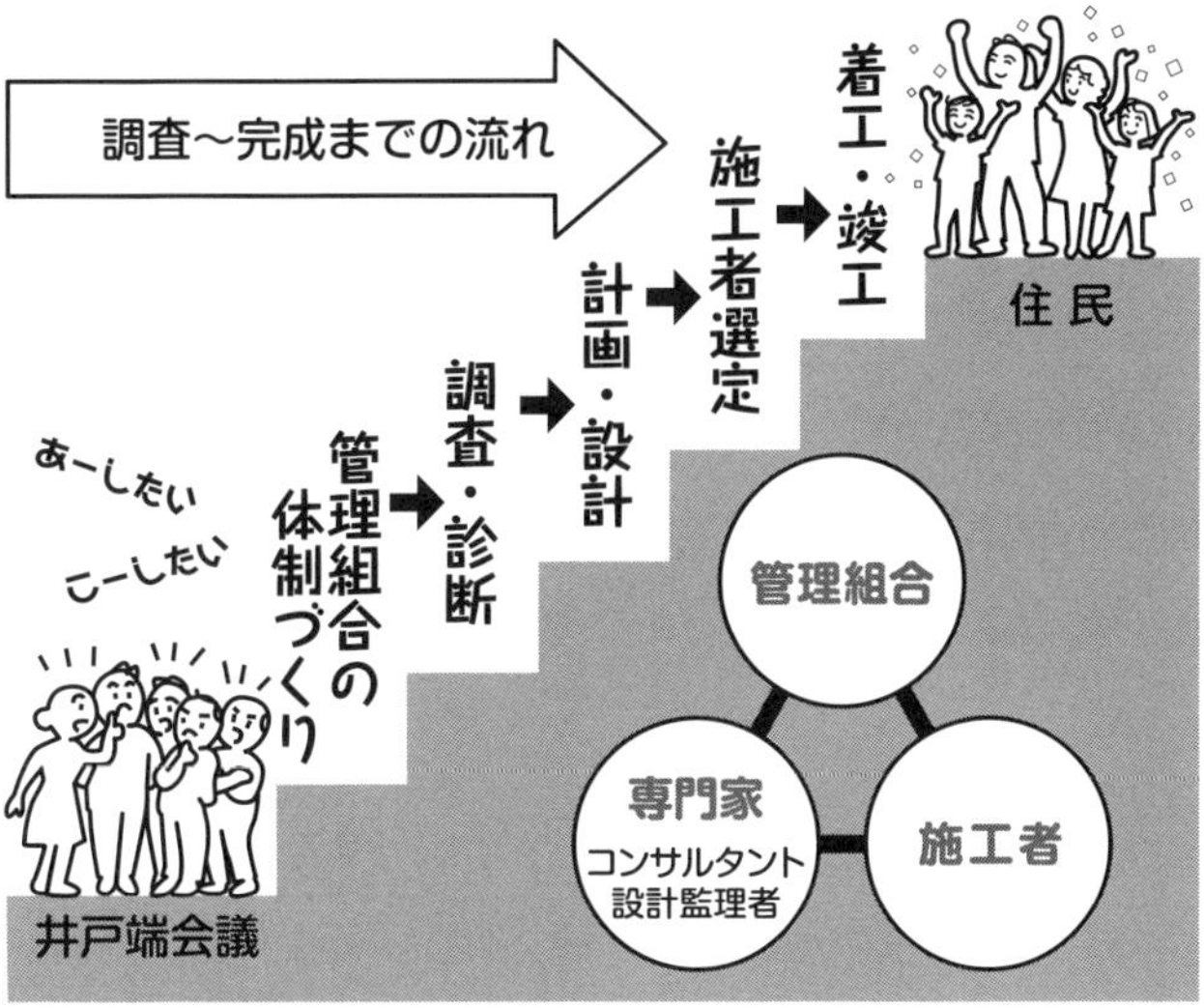

30年前は管理組合が直接、工務店や塗装工事会社などに工事を発注していました。しかし、

「数社に見積を取ったがバラバラの金額でどうして決めたらよいかわからない」

「1年もたたないうちに塗装がはがれてきた」

「ひび割れを直さず、色を塗っただけでよいのか」

「多額の追加費用を請求された」

など、多くの問題が生じました。これは修繕工事をするとき、どういう材料・工法を用いて工事をするかを定める「設計」と、設計どおりに工事が行われているかをチェックする「監理」が必要であることを明確に示していました。

そして、大規模修繕工事の仕様書をつくる、工事が仕様どおりに行われているかを監理するという形で管理組合に対する建築の専門家の支援が始まり、30年間、経験と研究を重ね、技術の進歩のなかで概ね進め方が確立してきました。

以下に基本的な流れ、進め方を紹介します。

（2）管理組合の体制づくり

12年周期というのは外壁塗装材の一般的な耐用年数にすぎない

一般的に新築、あるいは前回の大規模修繕から10年を過ぎると、「そろそろ大規模修繕」という話がでてきます。国土交通省が２００８（平成20）年に示した「長期修繕計画ガイドライン」でも大規模修繕工事は12年周期をめやすに設定されています。これは外壁塗装材の耐用年数をめやすにした年数で、かなり以前は10年周期といわれていましたが、塗装材料の性能が向上し、12年周期が一般的になっています。

しかし、12年経過したからといって必ずしも大規模修繕をしなければならないわけではありません。

体制をつくり、見て・聞いて・相談する

管理会社から「そろそろですよ」といわれても管理組合、理事会としては何をどうすればよいのかすぐには考えられません。管理会社は定型的に提案するので間違いではないですが、適切でないこともあります。まずは自分たちで考え、管理組合の体制（理事会以外に検討する体制）をつくり、自分たちのマンションを見てみる、大規模修繕を経験した管理組合の話を聞いてみる、第三者の専門家に相談してみる、というところから始めましょう。

大規模修繕の取組みを始めてから工事が終わるまで、少なくとも2年はかかります。管理組合の理事会は1年交替の場合が多く、長期間の事業に対して継続性が損なわれることがあるので、継続的な

増えています。

取組みに対応し、理事会をサポートするために、理事会とは別に「専門委員会」を設置するところが増えています。

（3）建物の現状を知る――調査診断

第三者のコンサルタントに調査を依頼する

大規模修繕の時期は、建物を調査した結果によって判断されるのであって、決して年数だけでは判断できません。

建物の調査は施工会社や塗料メーカーなどがタダでやってくれることがありますが、なぜタダなのか？　理由は簡単で、彼らは工事を受注するための、あるいは材料を売るための営業活動として調査を位置づけているからです。ですから「建物の劣化が進んでいます。なるべく早く大規模修繕工事を実施されることをお勧めします」という結論が出されることがほとんどです。タダではありませんが、施工会社や材料メーカー、さらに管理会社ともつながりのない第三者のコンサルタントに調査を依頼し、客観的な調査結果を得ることが大切です。

管理組合もしっかり関わる

管理組合としては、居住者へのアンケートの配布・回収やバルコニーの立入調査についての連絡調整などの仕事が増えますが、ここは日頃のコミュニケーションがモノをいいます。管理会社の担当者や管理人さんにすべてお任せにしないようにしっかり関わることが大切です。そして、調査結果の報告会には、せめて普段の総会よりは多くの居住者に集まってもらえるように広報し、関心を高めるのは管理組合の重要な役割です。

（4）大規模修繕の計画・設計

着工の約1年前から計画・設計の作業に入る

調査診断の結果で概ねの工事範囲と時期が明らかになります。それを踏まえて着工の時期を設定し、余裕をみてその約1年前から、計画、設計の作業に入ります。1年は長いように思われますが、管理組合がものごとを進めるためには様々な手続きが必要であり、必ずしも1年はかからないこともありますが、半年では不足です。

新築工事はゼロからモノをつくるので、大雑把にいうと「こういう材料を使って、こういう方法で、こういう形のものをつくる」ことを表現するのが設計です。しかし、修繕や改修工事は今あるものを取り替えたり、あるいはその上から付け加えたりする工事です。取り替えるということは元あるものをどのように取り去るか（撤去の方法や程度）、付け加えるということは元の状態からどう付け加えるか（下地処理、下地調整）、ということを設計で表現する必要があります。それがきちんと表現されず、適切な工事ができないと、あとで不具合が生じます。設計で表現されていないことが工事の途中で必要と判断された場合は追加工事になります。

大規模修繕は人々が暮らしているなかでの工事

新築工事と修繕や改修工事との大きな違いは、更地に誰かの発注で建物をつくるのではなく、すでにそこには人々が暮らしている建物に手を加えるということです。この違いがすべてといっても過言

ではありません。

たとえば、新築工事では現場事務所や仮設トイレをどこに建てるのかは設計事務所が考えるのではなく、施工会社が施工計画として考えますが、修繕工事ではあらかじめそれらの場所を設定しておく必要があります。管理組合によっては「施工者に提案させる」という考え方があるようですが、発注者（管理組合）として責任をもって工事を実施するための条件を提示しなければなりません。

また、足場を建てることによって駐車車両を移動しなければならないことがよくあります。どこに移動するのか、もしかしたら外部に駐車場を借りなければならないこともあり、その場合の費用は誰が負担するのか、こういうことをあらかじめ想定しておく必要があります。

さらに、バルコニーのエアコン室外機はどうするのか、大量の植木鉢は、などなど人々が生活しているなかで工事を行うわけですから、当然予想される問題です。

修繕・改修工事の基本計画では、これらをあらかじめ検討しておく必要があり、新築工事の計画・設計にはないことです。そしてこれはコンサルタントだけで決めることはできません。管理組合として主体的に検討し、それらの対策や条件を計画のなかに盛り込んでおきましょう。

（5）工事の見積、施工者の選定

施工者の選定――透明性の確保

工事の範囲、仕様、工法が決まり、仮設（現場事務所やトイレ、足場など）の計画、バルコニーのモノたちの処遇などの諸条件を決めて、施工者に工事費の見積を依頼します。

施工者の選定は管理組合が一番気を使って、慎重に進めなければならない重要な段階です。一言でいうと「透明性の確保」です。「なぜこの業者を選定したのか」という区分所有者の質問に対して、その経過と選定理由をスラスラと答えられるようにしなければなりません。

大きな金額が動くので「何かあるはずだ」と勘繰る人が必ずいると思っておいたほうがよいでしょう。「役員がおいしい目をしているのではないか」「コンサルタントとグルではないか」「談合があったのではないか」等々の勘繰りに毅然と説明できるように、まったく透明にしておかなければなりません。

管理組合総会での決議

大規模修繕工事の実施、予算および施工者決定を決議する管理組合総会を開きます。そこでは理事会や専門委員会の取組み経過を報告し、工事全体の内容の説明を行います。そして施工者選定については、見積依頼先をどうやって、何を基準に選んだか、見積徴収後、その内容をどのように精査し、最終的はどんな要因で判断を下したか、などを資料も提示して説明し、みんなの納得を得る必要があります。説明の補助としてコンサルタントに陪席してもらうとよいでしょう。

（6）着工から竣工まで

工事説明会の資料づくり

総会で承認されたら、今度は居住者への工事説明会を行います。どのような資料をつくってどういうふうに説明するのかをあらかじめ3者（管理組合、コンサルタント、施工者）で検討します。慣れた施工者は説明会資料の雛形をもっているので、それをベースに当該管理組合にあった形にカスタマイズしていくという方法もあります。

ここでも施工者任せにするのではなく、「うちのマンションではこういうことを強調する必要がある、こういうことは言わないほうがよい」など、そのマンションのことは管理組合が一番よく知っているはずなので、説明会資料の内容や説明会当日の進行を含めて、主体的に関わっていかなければなりません。

工事中の管理組合役員の出番

工事が始まると実際の工事は施工者が、その監理はコンサルタントが行いますが、管理組合の手を離れるわけではなく、工事の発注者としての役割が求められます。たとえば足場を建てるときの車の移動のお願いや、バルコニーの片づけができていない住戸へのお願いなど、いずれも最初は施工者がお願いして進めていきますが、それがなかなか進まないときは、管理組合役員さんの出番です。役員さんがお願いすると、あっさりと聞いてくれる場合があります。

管理組合、コンサルタント、施工者で定例会議

工事中は定期的（2～3週間に1回）に管理組合、コンサルタント、施工者の3者で打合せを行います、前記のような工事進行上の課題や工程の進捗状況などの報告、協議のほか、追加や変更の検討も行います。

修繕・改修工事は、今あるものに対して取り替えたり付け加えたりする工事ですから、工事を進めていくなかで予想外のことがよくあるので、それに対応するための追加工事や変更工事の検討が必要になります。

引渡しと瑕疵《かし》担保検査

工事が無事に終わると「引渡し」となります。新築工事の場合は工事が完成するまではその建物はまだ発注者のものになっていませんので、施工者から発注者に文字通り「引き渡す」わけですが、修繕工事の場合、建物そのものはすでに発注者（管理組合）のものなので建物を引き渡すのではなく、こういう材料を使ってこんな方法で修繕・改修工事を行ったという記録である図面や写真、書類を「竣工図書」としてまとめて「引き渡し」ます。このなかには、塗装工事や防水工事などの保証書も含まれています。

工事が終わってもそれぞれの保証年限ごとに、保証対象にあたる不具合がないかを点検する瑕疵担保検査（アフター点検などと呼ばれる）が行われるので、管理組合はそういう検査が行われることを年々引き継いでいかなければなりません。

2　不安なことがあれば、まず専門家と一緒に現場を見て話を聞く

大規模修繕工事の検討を行っているか否かは別として、管理組合の役員になると何かとマンションのことが気になる、あるいは自分は気にしていなくても、いろいろな不安や指摘が耳に入ってきます。たとえば「廊下の床にひび割れがたくさんできて落ちそうな気がするが大丈夫か?」「早急に補修しなければならないのではないか?」という話が住民や管理会社から持ち込まれます。

廊下の床にひび割れがたくさんできているのを見ると、廊下がまもなく落ちるかもしれないと心配します。しかし、コンクリートはひび割れるものです。ひび割れは、すべてが欠陥ではありません。

専門家とともに現場を見て、いくつかあるひび割れの原因を知り、対策を検討しましょう。

(1)　ひび割れの原因を知る

問題はひび割れ（亀裂）の大きさや方向、それらの全体的な傾向です。これは実際に見てみないとわからず、電話ではなかなか判断できません。現場を見たうえで、構造上の問題がある亀裂か、コン

写真１　片持ち床版の廊下の床にできた、建物と平行方向のひび割れ

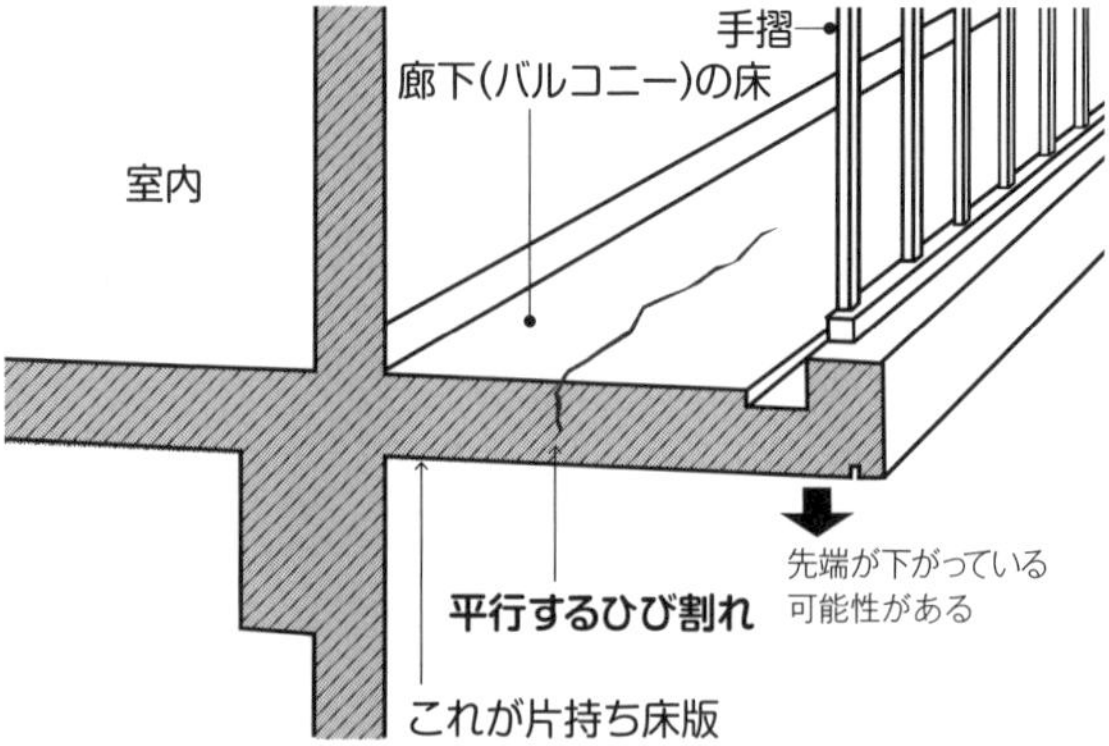

図１　建物と平行方向の片持ち床版（本体から外側にある廊下やバルコニーの床）のひび割れ

クリートの乾燥収縮による亀裂かなど、亀裂の原因を判断します。

　専門家は、クラックスケール（亀裂幅を計る定規）と水準器、打診棒などを持って現場に行きます。廊下の床のひび割れは、多くの場合は建物本体と直行方向の乾燥収縮による亀裂ですが、まれに建物と平行方向の亀裂があります（写真１）。この状態は、片持ち床版（柱に支えられていない床）の先端が下がっているという可能性を示しています（図１）。

　まずは現場を一緒に見ながら、専門家の見解を聞きます。「一緒に見ながら」が結構重要で、できれば複数の管理組合の役員さんが立ち会って一緒に見ればなおよいでしょう。なるべくその場で状況を理解する、あるいは今後どのようにしていくかの方向性を聞くことが重要であり、後の理事会などで説明するときにも役立ちます。

（2）コンクリートは乾くとひびが入るもの

ひび割れの原因でもっとも多いのが、乾燥収縮によるひび割れです。これは、コンクリートができあがる過程で必然的に生じるものです。セメントと石と砂と水を混ぜたドロドロの生コンを型に流し込んで、乾燥すると固まってコンクリートになります。乾燥するということは水がなくなるわけですから、その分の体積が減少して縮むことになり、その結果がひび割れとなって現れます。

このひび割れは一般に構造上は大きな問題はなく、これが原因で廊下の床が落ちる心配はありません。

（3）ひび割れの裏側に漏水があるか

それではこのひび割れの裏側、すなわち下の階の天井はどうなっているでしょうか。ひび割れが貫通しているかどうか、漏水が生じているかどうかを見てみましょう。漏水がなければ、「いずれは修繕が必要ですが、当面は放置してもよいでしょう」という話になります。築年数との関係や、今後の大規模修繕の予定時期などと絡めて検討することが必要です。

漏水が生じている場合は対策について検討することになります。漏水している場合は、エフロレッセンス（セメント中の石灰分）の流出、あるいは天井に塗った塗膜の剥離や浮きが生じており、見た目には大変なことになっているような感じがするものです。

放置してよいとはいえませんが、室内に漏水しているわけではないので、それほど緊急性が高いともいえません。数年以内に大規模修繕を予定しているのであれば、そのときにあわせて改修すればよいということになりますし、大規模修繕はかなり先だが見た目の問題からも早くしたいということであれば、その方法や進め方を検討することになります。

（4）建物と平行する大きなひび割れは問題

次に、建物と平行の方向にそれなりの大きさのひび割れが全体的に生じていて、片持ち床版の先端が下がっている可能性が疑われる場合は、目視だけではわからないので、床の裏（階下の天井）に水準器をあてて水平を確認します。床面は水を排水するために先端に向かって傾斜があるので裏面で測定します。何カ所か測定して先端側が下がっているようであれば、詳細な調査が必要になります。具体的な調査内容は、各階でレベルを測定し、全体的に先端が下がっているかどうかの傾向を見るとともに、建物の構造図を確認し、構造図どおりに配筋（どんな太さの鉄筋が何本どのような間隔で入っているか）されているか鉄筋探査機で調査します。

（5）ひび割れが進行するか

このひび割れが今後も広がったり、増えたりするものか、コンクリートが固まるまで支える仮設の支柱（支保工）を早めに撤去したなど新築当初の施工上の問題による一時的なものかの判断は困難ですが、配筋がそれなりに正確であれば、年に1回定点測定を行い、ひび割れの幅が広がるかどうか、先端の下がり方が増えるかどうかの確認を経て判断することになります。配筋が不足していることが明らかになれば瑕疵の問題に発展します。分譲者側に調査結果を報告し、見解と対策を求めていくことになります。

このような状況が建築後数年で明らかになることはまれで、多くは築10年を超えての大規模修繕のための調査などでわかるものです。10年以上経っていれば、とりあえず分譲者は「もう10年を超えているので対応しかねます」という回答になるでしょう。

ただし、耐震偽装事件（姉歯事件）以降、こうした問題はすぐに新聞に出たりするので、以前よりていねいに対応してくれる傾向にはあります。それでも基本的に門前払いの姿勢であることには変わりはありません。問題はまずは話合いのテーブルにつかせるまで粘り強く、また10年という年数ばかりいわせないほどに技術的な観点で追及していくことがポイントです。

（6）一見してわかることと詳しい調査が必要なことがある

建物の不具合は、詳細に調査しないとわからないことも多いですが、たとえばひび割れ（亀裂）という現象の場合は、その原因として考えられるのは乾燥収縮、温度応力、地震、アルカリ骨材反応、コールドジョイント、不同沈下（建物全体ではなく一部だけが沈下する現象）、鉄筋不足・断面不足くらいです（図2）。このうちどれが原因かを見極めるのはそれほど困難ではなく、パッと見て確定はできないまでも、少なくとも推定はできるものです。ただし、不同沈下の場合は全体的な傾向（ひび割れの方向性）を把握する必要があるので、パッと見ただけではわからないことがあり、全容を把握する必要があります。

現場を一緒に見ながら、原因と対策について専門家から「おそらくこうですから、こうしたほうがよいでしょう」とアドバイスを受けますが、この段階ではあくまでも「おそらく」ですから、できれば次の理事会で状況を報告し、詳しい調査を依頼するようにしましょう。

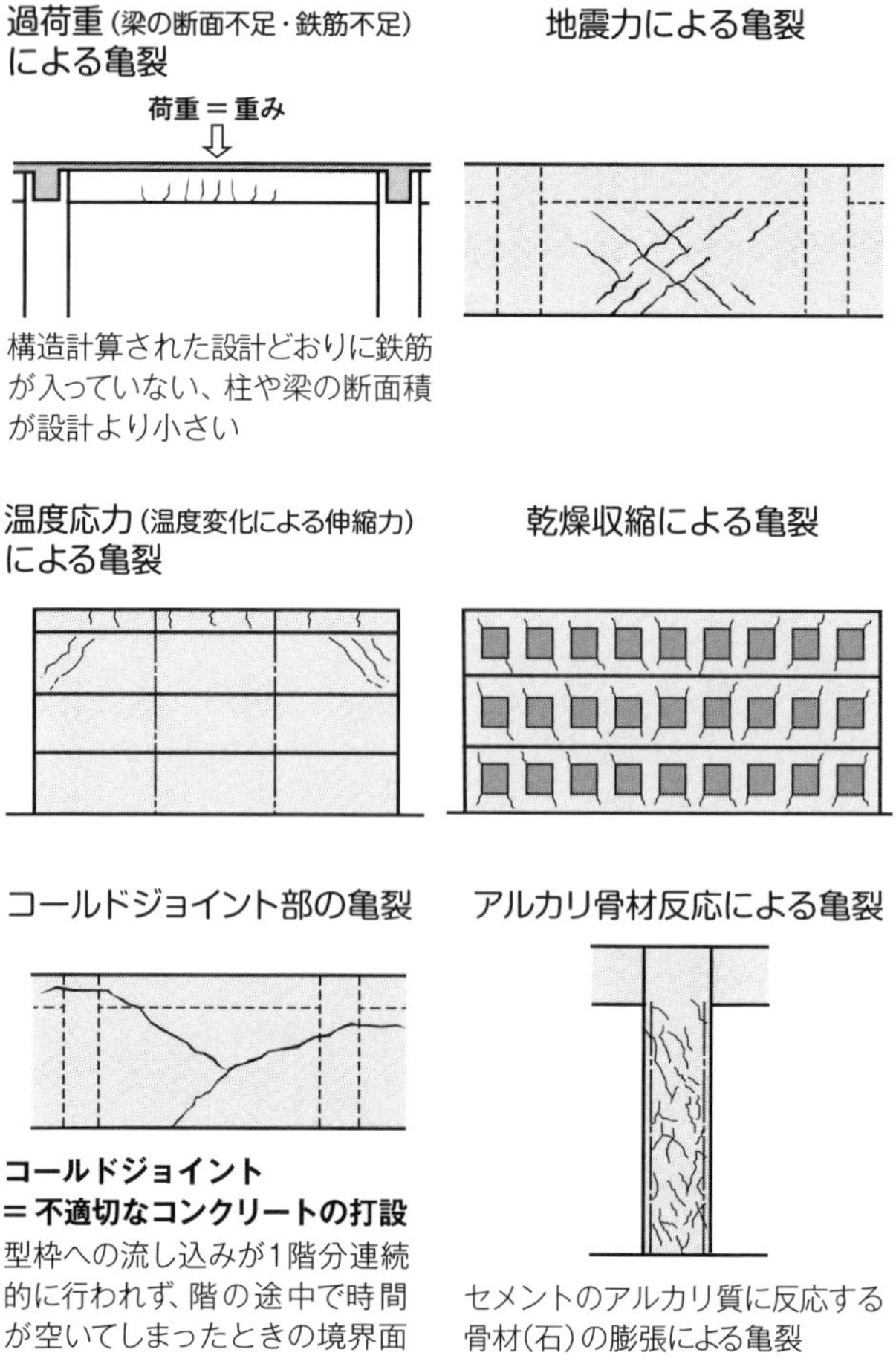

図２　ひび割れ（亀裂）の種類と要因

3 調査によって工事の時期と範囲を決める

マンションの建物調査の内容はマンションの状態によって変わりますが、基本のメニューはこの十数年でだいたい定まってきました。感応による定性的調査と、機器による定量的調査があります。それぞれに明確な目的があり、どこでもやっているからやる、というのではなく、それぞれの調査項目の必要性を理解するようにしましょう。調査の結果から、いつ頃、どれだけの範囲でどんな修繕・改修工事が望ましいかを検討します。

(1) 感応(官能)調査

感応調査は目で見る、たたいて音を聞くなど五感(官)を使った調査です。たとえば壁などの亀裂の目視調査は、亀裂の位置、方向性、幅などから、その亀裂が構造耐力上問題になるものか、乾燥収縮によるものか、あるいは不同沈下の傾向がないかなど、亀裂の原因を推定します。同時に亀裂の原因別に大まかな数量を把握し、修繕工事の概算費用の算定の根拠とします。

コンクリートにひび割れがあると、普通の人はそれだけで「欠陥ではないか」とか「建物が壊れるのではないか」と思ってしまいがちです。専門家から原因を解説してもらい、「この種の亀裂は構造上の問題はなく、このように修繕します」という説明を受けることが大切です。居住者のなかには

「見ただけで何がわかるのか」という疑問をもつ人もいます。事前に全体を目視する目的や、ひび割れの原因にはいろいろあることを説明してもらうことで、調査結果に対する関心を高めていきます。

（2）機器を使った定量的調査

機器を使った定量的な調査では、①コンクリートの中性化深度調査、②鉄筋の被《かぶ》り厚測定、③外壁塗膜の付着強度調査が代表的なものです。①と③は定番メニューのようになっていますが、「定番」ではなく、それぞれの調査にはちゃんと目的があります。

①コンクリートの中性化深度調査

元来、強いアルカリ性で内部の鉄筋を錆から護るはたらきをするコンクリートは、経年とともに空気中の二酸化炭素などの影響でアルカリ性がなくなって中性化し、鉄筋を護るはたらきが低下していきます。その中性化の深度（進行）を調べるために、コンクリートを採取して中性化の深さを測定し、その結果によって次回の外壁などの塗り替え仕様の検討材料とします。

②鉄筋の被り厚測定

コンクリートの中性化が築年数の割に進んでいたとしても、鉄筋の位置が深いところにあればあまり深刻に考えることはありません。逆に鉄筋の被り厚が少なければ（浅いところにあれば）中性化が進んでいなくても注意が必要です。中性化調査と鉄筋の被り厚測定はセットで調査を行い、その関係から修繕の方針を検討することが重要です。

鉄筋の被り厚調査は、コンクリートの中性化との相関関係を見るために重要であるにもかかわら

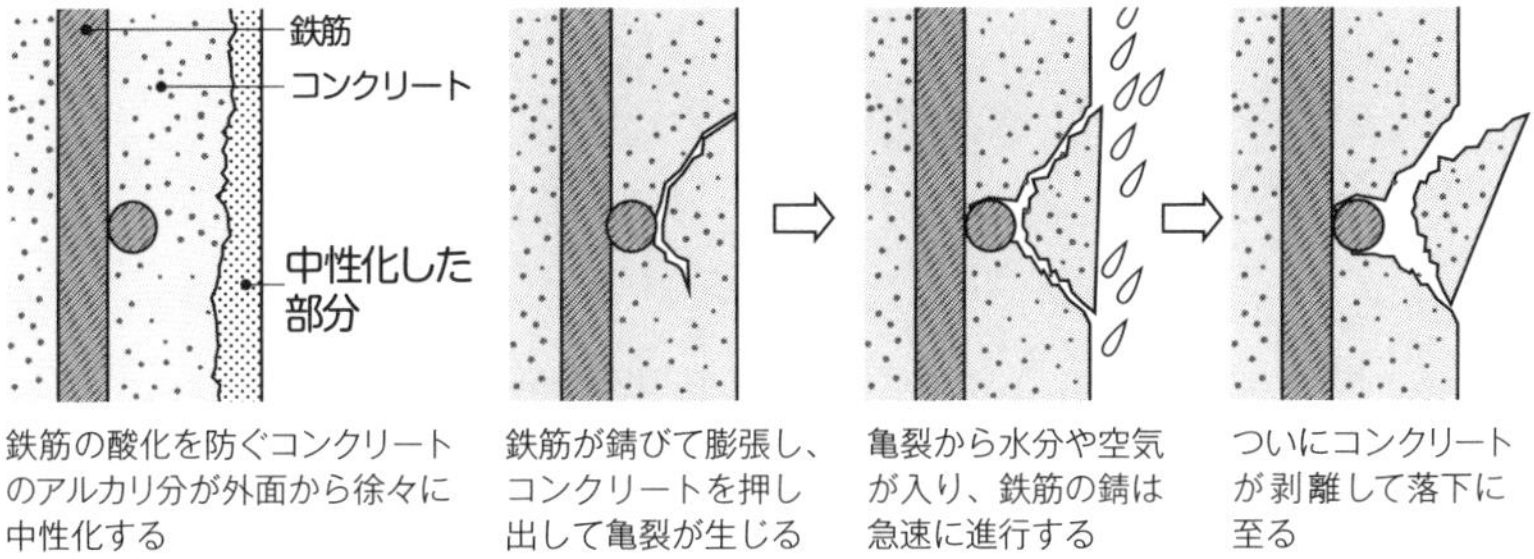

鉄筋の酸化を防ぐコンクリートのアルカリ分が外面から徐々に中性化する
鉄筋が錆びて膨張し、コンクリートを押し出して亀裂が生じる
亀裂から水分や空気が入り、鉄筋の錆は急速に進行する
ついにコンクリートが剥離して落下に至る

図３　曝裂のメカニズム

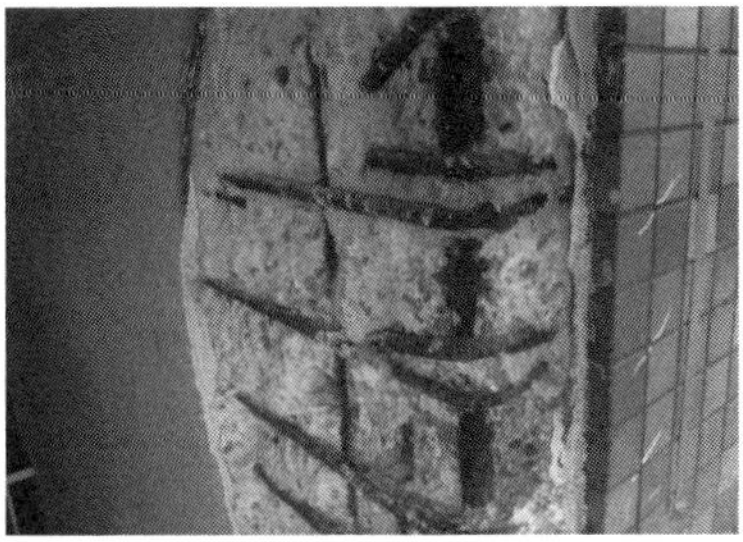

写真２　曝裂のようす

ず、実施されていないことが多く、調査メニューの形骸化――定番メニューの弊害――を感じます。コンクリートの中性化の深さと鉄筋の深さの関係は、

コンクリートの中性化が深く進行する↓鉄筋の位置に達すると鉄筋が錆びやすくなる↓鉄筋が錆びると膨張してコンクリートを押し出す↓コンクリートにひび割れが生じて雨水が浸入する↓鉄筋がさらに錆びて膨張しコンクリートが剥落する（曝裂、図3・写真2）、

という鉄筋コンクリートの劣化のメカニズムの根幹をなすものであるということが理解されずに、コンクリートの中性化深度調査のみが定番メニューとして形式的に行われている傾向があり、本来の意味を理解してほしいものです。

③外壁塗膜の付着強度調査

外壁に塗装されている塗膜がどの程度の強さで下地に付着しているかを把握し、次の塗り替えの方法や仕様を検討する資料とするための調査です。付着強度が弱いと、次の塗装をするためには今の塗膜を剥がさなければなりません。その必要があるか、上から塗り重ねることが可能かを調べるものです。

適切な調査個所と数を設定する

これらの機器による定量的な調査は、一定個所数をサンプリングしないと傾向性はつかめないと思うのですが、②の鉄筋被り厚測定は行わずに、①のコンクリート中性化深度調査と、③の外壁塗膜付着強度調査をそれぞれ2～3カ所やるのみで、「経年程度です」とか「大変です」としている報告書をよく見かけます。

サンプル数を増やせば精度は上がりますが、調査の跡が残りますし、調査費用との関係もあり、何十カ所も行うわけにはいかないので、適切な調査個所の設定が重要になります。基本的には条件の厳しい個所、すなわち、雨掛かりで日のよくあたる場所、それから仕上げの違う個所はそれぞれサンプリングします。

コンクリートの中性化の主な原因は空気中の二酸化炭素です。塗装仕上げ材料によって空気の透過性が違うので、仕上げ材料の異なる部位ごとの比較が必要です。外壁塗膜付着強度調査については材料の違いに加えて方位（東西南北）の違いも影響するので、各面でサンプリングします。塗膜の劣化は紫外線と風雨が原因ですから、その環境の違いによる比較検討が必要になります。

（3）アンケート調査

設問の内容

現地調査のほかにアンケート調査を行います。これは主に共用部分の専用使用部分（→194ページ）であるバルコニーの状況や、屋根や外壁からの雨漏りなど共用部分からの影響による専有部分の劣化損傷の内容を聞きます。この結果によって、バルコニー内の立ち入り調査対象をサンプリングします。

年数のたったマンションでは、サッシや玄関扉の不具合、給排水設備の状況も設問に含めます。これも現地調査と同じで、定番の設問メニューではなく、マンションの経年数、使用材料、立地環境(山間部、都市部、沿岸部)の違いを把握し、それに応じて知りたい内容がうまく導き出されるようなアンケートの設計が重要です。

アンケートの回答には「ウチを見てほしい」あるいは「ウチには調査にこないで」という居住者の気分がにじみ出てくるので、それらも勘案して立ち入り調査対象住戸を選定します。劣化損傷のことだけではなく、共用部分全般で不便なところがないか、改善が望ましいことはないかなど自由に書いてもらう設問をつくります。

また、バルコニーにエアコン室外機を何台置いているか、大きな物置を置いているか、人工芝を敷いているか、植木鉢はたくさんあるか、というようなバルコニーの使用状況も書いてもらいます。これらは後の大規模修繕工事のときに有効な資料になります。

回収率は建物への関心の高さのバロメーター

アンケートの回収率は、そのマンションの性格や、コミュニティの成熟度合い、管理組合の力量の現れであり、建物への関心の高さのバロメーターです。具体的に、たとえばアンケートの回収率は、経験的には、中規模(１００戸程度)のマンションでは都心部の場合70%程度、郊外部では80%以上90%程度まで集まることもあります。大規模な団地では60%程度のこともあり、50戸以下の小規模マンションでは１００％に近いこともあります。
いつも管理組合には「60％以下では恥ずかしいですよ。この段階から関心を高めないと、大規模修繕工事になると大変ですよ」と半ば脅して、回収率アップを目指してもらいます。

（4）全戸対象に報告会

報告書の内容

調査結果の報告書の内容には、①調査の目的と方法、②現況の仕様・仕上げ、③アンケート調査結果、④現地調査結果、⑤劣化損傷の原因と対策、⑥いつ頃、どの範囲の修繕、改修が必要で、それにかかる工事費はどのくらいか、ということが盛り込まれるのが基本です。それに調査の記録図、記録写真が添付されます。

さらに④⑤⑥を、なるべく平易な言葉で短くまとめた要約版を作成し、全戸に配布してます。ときどき「一般論＋写真集」のような報告書を見かけますが、これでは調査報告書として及第とはいえないでしょう。

調査結果報告会

調査結果がまとまると、全戸を対象に報告会を行います。いよいよ改修工事というときの工事説明会には居住者もいろいろ不安があったりでそれなりに集まりますが、調査結果の報告会にはなかなか集まりません。これもアンケートと同じで、何割くらいの人が集まるかに、その管理組合の力量と関心の高さが現れます。掲示板にお知らせを貼るだけではなく、数ページの要約版を付けて、参加を促す案内を事前に全戸配布するなどして、少なくとも、普段の定期総会よりは多くの人が集まるように努力しましょう。

（5）60年間に工事を5回やるか4回やるかで出費額は大違い

調査の結果、いつ頃、どれだけの範囲で、どんな修繕・改修の工事を行うことが望ましい、ということが示されていますが、ここで「工事は3年後でいいですよ」と言われると、管理組合は、だいたいは来年とか再来年に大規模修繕工事を予想して調査の依頼をしているので、拍子抜けしてしまいます。

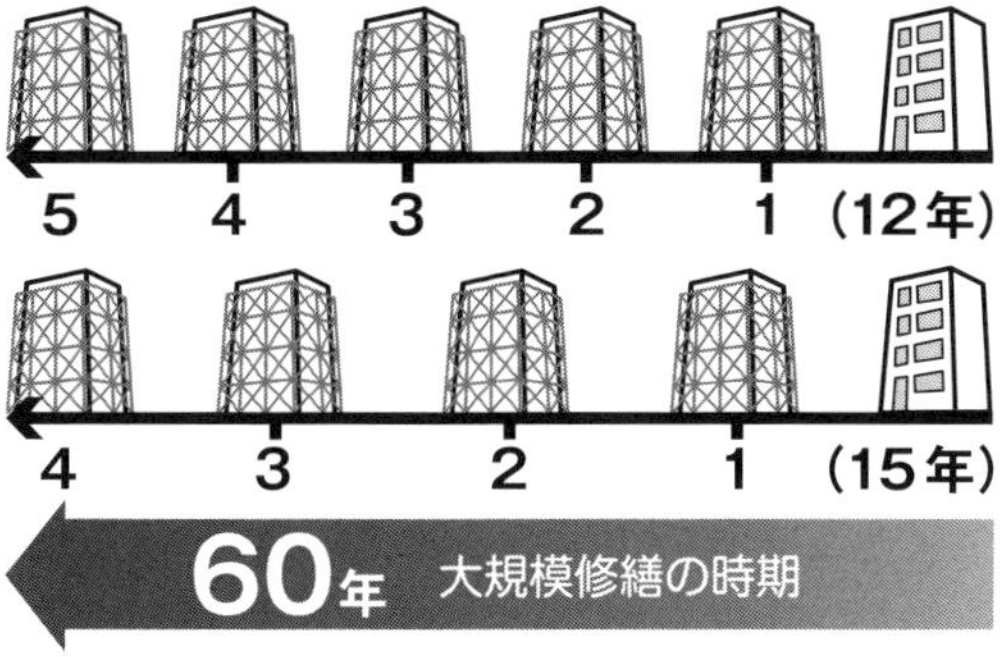

来年でも早すぎることはありませんが、できるだけ先延ばしして、修繕積立金をためましょう。ここで2年延ばせば、その次の工事は4年延びます。長い目で見て、たとえば60年間で大規模修繕工事を5回やるか4回で済むかは大きな違いです。

放置できない劣化損傷など急ぐ理由があれば別ですが、築年数だけで大規模修繕工事の時期を設定するのであれば、調査診断を行った意味が半減します。理由がないかぎり、工事を急がないことも大切です。

コラム　10年過ぎたらタイルは落ちるのか

増える外壁タイルの剥落

10年ほど前から、マンションの外壁タイルが剥がれ落ちる事故をよく見聞きするようになり、私たちへの相談も増えています。タイル貼りのマンションは昔からありますが、15年くらい前からはほとんどのマンションがタイル貼り仕上げになり、分母が増えたので事故件数が増えたのかとも思われますが、どうもそうではないようです。明らかに比率が増えているのと、1枚2枚がパラッと落ちるのではなく1m²単位でバサッと落ちる事例が増えているのです（写真3）。30～40年前に建ったマンションのタイルがバサッと落ちた話は聞きませんが、築5～15年の比較的新しいマンションで多く発生しています。

写真３　1m²単位で落ちたタイル剥落の跡

「築11年のマンションです。建って7年目頃からタイルがときどきバサッと落ちて管理組合で何度か修繕してきたのですが、ちょっといくらなんでもおかしいのではないかと分譲主に申し入れたら、『瑕疵担保期間が過ぎているので対応しかねる。10年以上が経過しているので経年劣化により、ある程度の剥落は起こり得る』という回答でしたが、そんなものなのでしょうか」という相談がありました。10年過ぎたタイルが剥落するのであれば、危なくてタイルは貼れません。そうなればタイル貼り禁止ということになってしまいます。

外壁タイル剥落の原因

タイルは年数が経過したら剥がれるものではありません。タイルが剥がれるのは、下地のコンクリートやモルタルの温度変化等による伸縮に対してタイルが追随しないことが直接的な原因です。このことは初めからわかっていることであり、しかもこの伸縮は新築直後から起こっていることです。剥離のメカニズムはわかっているので、その対策もはっきりしています。にもかかわらず剥落するのは、①初めから十分に接着していない場合、②伸縮を吸収する対策が行われていない場合、③その両方、というのが主な原因として考えられます。

接着不良はなぜ起きる

まず、①の場合からお話ししますが、これは非常に根が深い問題が複雑に絡んでいます。マンションはそこに住む人々のためにつくられているのではなく、分譲主が儲けるためにつくっているということが根本にあります。儲けるためには早く安くつくる必要があり、その手段はマンション建設のあらゆる過程で講じられていますが、タイル貼りに関わる過程では、まずコンクリートの型枠取外しの場面です。

生コンクリートを型枠に流し込んで固まったら型枠を外しますが、ベニヤ板の型枠はコンクリートにくっついて外すのに時間がかかるので、塗装してツルツルにしたベニヤ板を使用するようになりました。出来上がったコンクリート表面は光るほどツルツルです。さらに型枠を外しやすくするためにあらかじめ剥離剤という薬剤を型枠に塗るようになり、ただでさえツルツルでタイルがコンクリートに接着しにくいうえに薬剤が接着を阻害することになりました。この薬剤がコンクリートに残ってはいけないことはわかっているので、当然きれいに洗浄する必要があるのですが、その工程が欠落している、あるいは十分でない場合があるのです。

次にタイルを貼る工程を減らすようになりました。一般的にタイルを貼るときはコンクリートに下地モルタルを塗り付けた上に、裏面に接着モルタルを塗ったタイルを貼り付けますが、工期短縮と左官工事省略のため、コンクリート面に直接接着モルタルを塗り付けていきなりタイルを貼るようになりました。コンクリート面にモルタルを塗るときにモルタルの水分がコンクリートに吸い込まれる、あるいは高温強風時にモルタルが早く乾燥してしまう、ということへの対応が欠落したり、そもそもそういう常識を知らなかったりすると、パサパサのモルタルにタイルを貼るようなもので、タイルは十分に接着しません。

このようにタイルの接着不良には複数の場面での複数の原因があり、すべて工期短縮と工事費削減がその根本要因です。

伸縮目地が適切に設置されているか

次に②は、伸縮目地が適切に設置されていないためにコンクリートの伸縮を吸収できずにタイルが剥離する、という非常に単純な場合です。セメントと砂利と砂と水を混ぜたドロドロの生コンクリートは、水分が蒸発してコンクリートとして固まるので蒸発した水分の体積が減少して縮みます。これはひび割れの原因にもなる乾燥収縮と呼ばれる現象で、コンクリートとして固まったあとも何年もかかって少しずつ乾燥し縮んでいきます。またコンクリートも温度変化によって伸縮します（図４）。

これらの伸縮を吸収するための伸縮目地を設置することは常識であり、国土交通省の標準施工要領やタイルメーカーの施工マニュアルなどに「柱の両側および壁面３～４ｍおきに伸縮目地を設ける」ことが明示されています（写真４）。この伸縮目地が設置されていない壁面で、タイルが強固に接着していれば、コンクリートの伸縮でタイルは割れてしまいますが、浮いたり剥がれたりするということは、①の接着不足も推定され、①と③の両方ということも多いと考えられます。

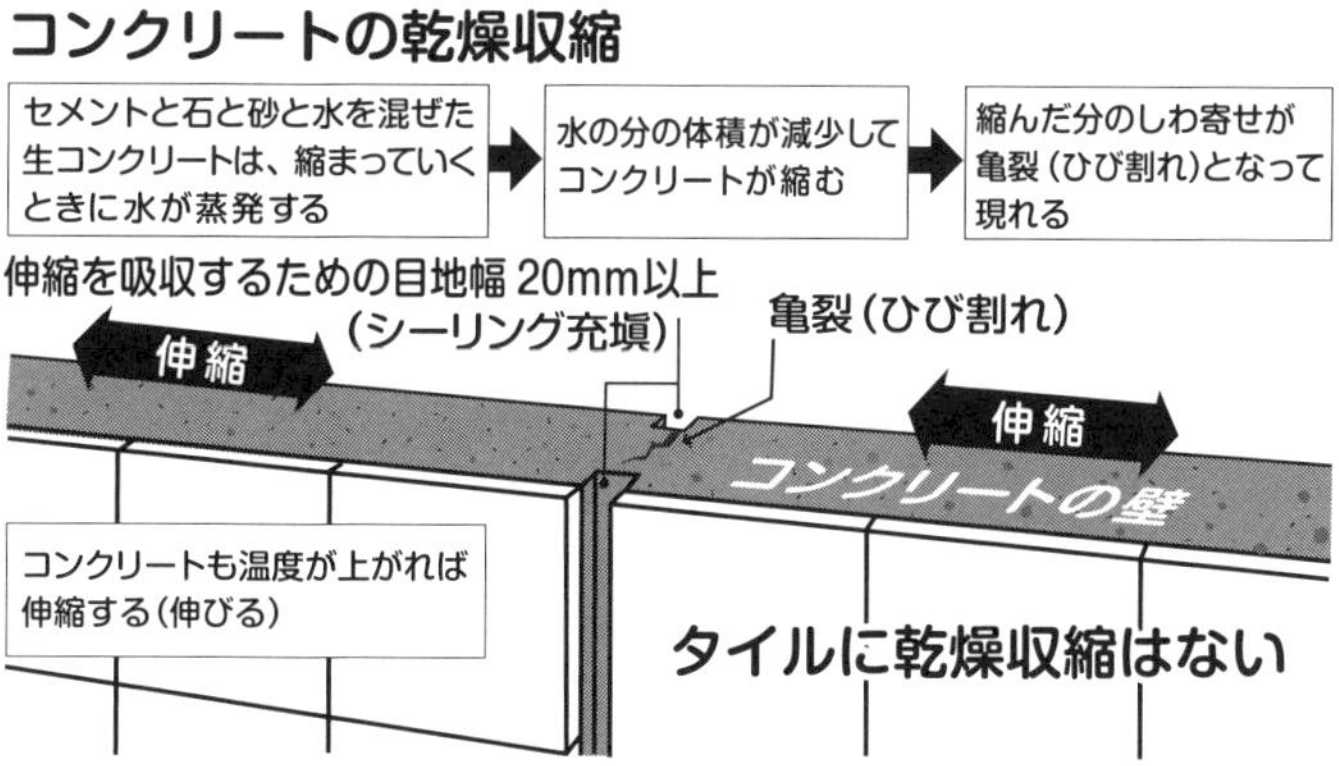

図４　コンクリートの伸び縮みを吸収してひび割れを防止する伸縮目地の役割

写真４　伸縮目地の入れ方の例　ベランダ手摺の白い線が伸縮目地

タイル剥落事故増加に対する国の対策

近年、タイル剥落事故の増加に鑑みて、塗装ベニヤ型枠に剥離剤を塗ってツルツルのコンクリートにタイルを貼る場合は「超高圧洗浄」によってコンクリート面をザラザラにする、MCR工法（型枠に包装用のプチプチのような凹凸付のシートを貼り付ける）によってわざとコンクリート面に凹凸をつける、という工程が国土交通省の標準施工要領に追加されました。

それなら初めからザラザラのベニヤ型枠を使用すればよいのですが、ベニヤの再利用という観点と、もう昔には戻れない業界に配慮したということでしょう。

4　大規模修繕工事の計画・設計

調査結果にかかわらず、「築12年なのでとにかく設備以外は全部やる、それが大規模修繕というものだ」という調子で管理会社などからすすめられ、ありったけの修繕積立金を使ってしまう例は少なくありません。

調査結果をもとに劣化状況や工事の合理性を検討し、予算も考慮して、大規模修繕工事の計画・設計を行うことが大切です。

（1）基本計画

工事範囲と時期

大規模修繕工事の基本計画は、工事範囲と時期の設定から始めます。工事範囲は調査診断の結果にもとづいて設定しますが、足場がないとできない工事、あるいは仕上がり感（見た目）の統一のために一緒にやったほうがよい工事など、総合的な視点で行います。

工事の時期は「築○年だから」というのではなく、「各部位の劣化状況から総合的に判断して○年後」という根拠のある決め方が大切で、概ね外壁の状況が決め手になります。外壁の亀裂や手摺の錆などの劣化損傷だけでなく、汚染が進行して美観が損なわれているなども根拠の一つになります。

工程計画——工事期間、季節など

時期と範囲が設定されると、次は概略の工程計画を検討します。新築の設計では設計者が工程計画を行うことはあまりありませんが、改修工事では基本計画の段階で概ねの工程を検討します。

工事期間のめやす　まず、マンションの規模・形状と工事範囲から工事期間を設定します。塗装、防水を中心とした通常の工事範囲なら、100戸以下程度のマンションで4カ月から半年、300戸以上で複数棟になると8カ月から1年、200戸程度の場合はケースバイケース、というイメージです。複雑な形状だったり、戸数の割に棟数が多かったり、あるいは足場解体後の工事が多かったりする場合は戸数の割に期間が長くなります。単純な箱型のマンションの場合は戸数が多くてもそれほど長くならないこともあります。

春工事と秋工事　工事期間を一年のどの時期に設定するかも重要です。業界では2～7月頃の期間を「春工事」、8～12月頃の期間を「秋工事」と呼んでいます。

人々が生活しているなかでの工事なので、工事による様々な生活への影響や制限が最小になるように考えることです。具体的には、バルコニー側の工事は夏の暑い時期を避ける、廊下側とバルコニー側の塗装工事を並行させないなどです。

2～7月の春工事の場合は、バルコニー側から工事を始めて、5月中頃にはバルコニーを終えて廊下・階段側に移ります。

盆明け～年末の秋工事の場合は、春工事とは逆にバルコニー側の工事が10月になってから始まるように、廊下・階段側を先行させます。

仮設計画――現場事務所や材料倉庫、足場など

居住者の安全確保と不便の軽減も考えて

現場事務所や材料倉庫、足場などを組む（写真5）計画も、大規模修繕工事の計画段階では重要なポイントになります。

現場事務所や材料倉庫、廃材コンテナを置く場所があるか、仮設トイレはどうするか、隣地との隙間に足場が建つか、工事に使う電気や水道をどうするか、など工事に直接関わることはもちろん、足場を建てたときに通れなくなる場所はないか、緊急時の避難経路は確保できるか等々、居住者の安全確保と不便の軽減のために考えなければならないことはたくさんあります。

写真５　現場事務所（上）と足場組立てのようす（下）

仮設のための費用　規模の小さいマンションでは、駐車場の一部を写真5のような仮設の建物などのために明け渡して一時マンションの外に駐車場を借りる必要があることもあり、その費用も含めた予算を考えておかなければなりません。また、仮設の電気、水道の配線配管ルートや水道、電気の使用料の負担についてもあらかじめ決めておきます。

発注者としての管理組合の責任　「仮設計画は施工者に提案させるものだ」と言う専門家がいますが、発注者として、たとえばこの場所は仮設に使ってもよいとか、駐車場の車両は移動させることができる、などの考え方を示さなければ工事の条件が整わず、工事費の見積も正確にできません。

大規模修繕工事では、これらの仮設計画は管理組合がコンサルタントと相談しながら検討し、管理組合の意思として仮設計画の概略を示すことが発注者としての責任といえます。

（2）設計図書——大きくは四つの構成

マンションの大規模修繕工事の設計図書は、どちらかというと図面よりも書面が多くなります。新築工事の設計図になぞらえれば、対象の工事特有の仕様を書いた特記仕様書が図面よりも多いというイメージです。

大規模修繕の設計図書の内容は、大きく分けて「見積要綱」「仮設工事」「工事範囲・区分」「工事仕様」という構成になります。

見積要綱——躯体修繕工事は精算工事に

設計図書では見積要綱は重要な項目です。仕様書や図面から見積が行われますが、大規模修繕で一番大切な躯体修繕では、たとえば亀裂が何mあるか、タイルの浮きが何m^2あるかは、足場を建てて全数点検しなければ正確な数量はわかりません。したがって、想定数量で契約し、実際に工事を行ってその実績との差を精算するということが見積要綱に明記される必要があります。やってみないとわからない、ということでは工事請負契約としては不安定で、紛争の火種になりかねません。そこで修繕の種別ごとに、たとえば0・3㎜以上の亀裂で低圧樹脂注入による修繕は125m、タイルの浮きは45 m^2など、想定数量を示して増減は精算する、という条件で工事の契約をします。実績数量が正しいかどうかは工事監理のなかでチェックすることになります。

この「想定数量」は調査診断時に調査できる範囲の目視、打診によって数量を拾い出し、調査できない範囲に拡大して設定します。実際の数量との差を少なくするためには、いかに丹念に調査をするかが重要になります。

このように、躯体修繕工事を精算工事にすることで、管理組合も施工者も安心して工事を進めることができるのです。

仮設工事と工事仕様

仮設工事は前記「仮設計画」の内容を文章や図で設計図書のなかに盛り込みます。工事仕様は各工事の仕様を細かく指定します。たとえば塗装工事の場合、新築工事の特記仕様書では「外壁塗装＝アクリル系吹付タイル」の一言ですませることがほとんどですが、大規模修繕工事の場合は、下地調整の方法、1回目○㎏／m^2、塗装間隔は○時間以上で2回目○㎏／m^2、というように塗装工程と塗布量を明確に規定します。

工事範囲・区分

仕様ごとの工事範囲は仕様書だけでなく、区分をわかりやすくするために図面を作成します。図面は見積ができるように既存の平面図、立面図、断面図を使って各工事の内容、範囲を明示します。これが不明確であったり欠落していたりすると、見積の根拠として不十分になるので、必要に応じて詳細図で区分を示します。

（3）資金計画――概算工事費の算出

毎月の修繕積立金が低いままは要注意

管理組合が工事費の予算取りをする段階では、たとえば1戸当たり何十万円とか、1m^2当たり何万円という数字で計上しています。これは当たらずとも遠からずという大きめの数字になっていて、最近は大きく不足するということは少なくなってきましたが、新しいマンション――十数年前以降に分譲されたマンション――で毎月の修繕積立金額が分譲時の低い設定のまま改定されていないと、修繕積立基金とあわせて全財産を投入しなければならなくなる、ということが少なからずあるので要注意です。

工事費の算出には新しい情報を

工事費の算出は数量を積算して単価を掛けるのですが、その単価設定の根拠は少し前までは市販の建設物価がその資料でしたが、最近はマンション改修の物価本が出回っています。建設業界がいかにマンション改修工事にシフトしているかをうかがわせます。

これらの市販資料を根拠に工事費を算出するのも一つの方法ですが、それだけではなく、現状を加味することが重要です。それには、常に施工者の実際の見積書をたくさん見ている経験と、新しい情報が必要です。とくに東日本大震災以降、消費税の増税、東京オリンピック、と建設物価の不安定要素――どちらかというと高騰要素――が増えており、それらを加味して安全側の概算工事費を算出することが大切です。

（4）バルコニーの〝モノ〟たちの処置

何もないバルコニーに

エアコンの室外機、植木、物干台、パラボラアンテナ、スチール製収納庫等々、バルコニーには様々なモノがあります。工事の際にはそれらのモノは移動して何もないバルコニーにしなければなりません。そのための手立てを理事会あるいは修繕委員会とコンサルタントが一緒に考えます。

この「手立て」は、管理組合ができること、施工者の工夫でできること、あるいは管理規約上、強制力を伴う措置もあります。管理規約や区分所有法、さらに過去の理事会議事録までさかのぼって考えなければならないこともあります。

工事を機に「雨戸」で紛糾？

よくあるのが、1階の住戸で外壁に自費で「雨戸」を取り付けた場合、それをどうするかという問題です。

原則は、共用部分には勝手に何かを固定して設置することはできません。

①1階の防犯という観点で、設置当時の理事会などが「特例」として正式に認めたのか、あるいは認めたのではなく「黙認」しているのか。

②この大規模修繕工事に際して取り外す必要があるとした場合に、「誰」が取り外すか。

③工事完了後に、前と同じように「復旧」してよいのか。

など、「雨戸」がクローズアップされて紛糾することはめずらしくありません。

バルコニーのモノたちの処置を考えていくなかでも、そのマンションの性格やコミュニティの成熟度合い、管理組合の力量が現れます。原則が明確にあったとしても、それを振りかざすばかりではなく、一定の妥協を含めて、それぞれの管理組合の性格に合った対応方法を考えましょう。

(5) 計画説明会——心の準備のためにも

工事の範囲、内容や工事期間、仮設計画、そしてバルコニー対策、概ねの工事費が出た段階で、全戸を対象に「計画説明会」を開催します。工事の前には工事説明会を開催しますが、計画、設計の段階で、住民に大規模修繕工事についての概要を説明しておくことは、工事に向けての居住者のみなさんの「心の準備」という点で有効です。

大規模修繕工事の準備が行われていることはなんとなく聞こえているが、具体的に何をどのようにするかは理解されておらず、いきなり「来月から工事が始まります」ということになると、役員でない住民には寝耳に水ということになりかねません。とくに仮設のために車を移動しなければならないとか、バルコニーの植木鉢を片づけなければならない、ということが突然通告されると、精神的に対応できず、不信や非協力につながります。

説明会では計画の内容だけでなく、これまでの取組みの経過説明と、今後の施工者選定から着工までの予定を、理事会や専門委員会が報告、説明します。施工者選定の方法や外壁の色彩の決め方など、みんなの関心が高い項目についても言及しておくことで、理事会の主体性を感じてもらえます。

5　施工者の選定は透明に

大規模修繕工事の施工者の選定は管理組合にとって一大事です。総会では選定経過を詳細に説明し、誰からも文句が出ないように、何の疑いももたれないように公明正大に決定することが大切です。

（1）どう選ぶか

大規模修繕工事の施工者選定は、管理組合にとって非常に重要な作業です。どのようにして決めるかを事前に十分に検討しておかないと、施工者決定・承認のための総会で異論が噴出してスムーズに進みません。役員がうまい汁を吸っているのではないか、コンサルタントがバックマージンを得ているのではないかなど、疑念の余地がないようにしなければなりません。区分所有者の多くが納得できる透明性の高い選定・決定方法によって、節目ごとに情報を開示しながら進めていくことが重要です。

まず、施工者の選び方、決め方は、特命、指名入札、一般競争入札など、様々な方法のなかから管理組合にあった方法を検討します。最近は特命ということはほとんどなく、複数者に見積を依頼して比較検討のうえで決めることが一般的です。問題は、その複数者をどうやって選ぶかです。

新築工事の場合は発注者と設計事務所のそれぞれから、何らかのつながりのあるところを出し合うことがありますが、マンションの大規模修繕工事の場合は、管理組合が常に根拠を問われるので、公開して募集するほうがよいでしょう。とくにコンサルタントや管理組合役員の推薦というのは、総会でもめる要因になります。

最近はコンサルタントや管理組合のホームページあるいは業界紙などを通じて広く募集し、応募者のなかから書類審査で見積依頼先を決めるという方法が増えています。管理組合によっては、居住者の推薦を受け付ける、あるいは管理会社や新築時の施工者を候補者として入れることがありますが、管理会社とうまくいっている、あるいは新築時の施工者の信頼が厚いなど、肯定的な要素もなくはないので、あえて否定せず同じ条件で応募してもらいます。

(2) 見積参加者の選定と最終決定方法の検討

見積参加者の選定

見積参加者を決めるとき、どこがいいかと聞かれることが多いですが、私たち専門家は多くの工事監理（→55ページ）を行って多くの施工者を見てきていますが、同じ会社でも現場監督（代理人）によって大きく違います。実際のところどこがいいといえないのも事実です。あくまで公平性を保持してアドバイスのみにとどめています。
決めるのは管理組合です、といってもコンサルタントのアドバイスがある程度の決定要因になってしまうのは避けられませんが、たとえば「A社は最近支店長が替わって管理体制や協力会社までが変わって混乱している」など、管理組合の不利益になりそうな情報はきちんと提供してもらうべきです。

最終決定方法の検討

見積参加者選定の段階までに、見積が集まった後の最終決定方法についても検討して決めておく必要があります。

①単純にいちばん安いところに決める。
②最上位と最下位を除外する。
③最低価格を設定してそれ以下を除外する。

などの方法がありますが、見積を見てからどうやって決めるかを考えると、金額の差が大きかったり、万一談合が疑われるような状況があったりした場合、混乱が生じて公正さを保てなくなることがあります。見積を見る前に決定方法を検討しておく必要があります。

工事の内容から著しくかけ離れた見積や、重大な欠落や錯誤があって安くなっている見積を採用するわけにはいきません。見積内容と金額を総合的に評価する「見積合わせ」が適切です。

（3）見積合わせ

見積書が提出されたら

見積書が提出されたら、理事会などの場でコンサルタントと一緒に開封を行います。開封したその場では総額のみを確認します。内容の詳細な検討は、2部提出された見積書のうちの1部をコンサルタントが持ち帰り、チェックしながら見積比較表を作成します。項目ごとに各社横並びにして比較表を作成するのでコンサルタントにとっては手間のかかる作業ですが、この作業を通じて桁間違いや欠落、あるいはもし仮に談合などがあれば見つけることができます。

コンサルタントは見積書と同時に提出される概略工程表や概略仮設計画図なども精査し、見積書と符合しているか、設計図書を十分に理解し工程や仮設に工夫や独自性が込められているかなど、見積能力とあわせて評価します。たとえば工程表では、居住者の生活上の制限が最小限になるよう工夫されているか、足場組立・解体の期間に比べてガードマンの員数が不足していないか、などです。

施工者の選定

この比較表をもとに管理組合はコンサルタントと検討会を行い、施工者選定作業に進みます。コンサルタントは、あらかじめ算出した数量と比較し、著しい差異がないか、小項目の数量や単価までを詳細にチェックします。

「A社は最安値だが、項目の欠落や数量違いが多く不安がある」「B社は全体的に金額が高いが、見積としては正確である」「C社は工程や仮設計画に工夫が見られる」などの評価をもとに一次選考を

行います。

わかりにくい建築工事の単価

建築工事の単価というのは、昔から一般の人にはわかりにくく、うさん臭いと思われています。たとえば、外壁塗装が1m^2当たり1500円というのは高いのか安いのか、どうやって決まっているのかまったくわかりません。1m^2当たりの単価は、作業員が1人で1日に塗装できる面積分の材料費と日当を足して、それを面積で割ったものです。そして、この単価は社会情勢や景気によって左右され、とくに最近は変動が大きくなっています。

（4）施工者を内定して総会に提案

施工者からのヒアリング

金額・内容とも適切な一社があればよいのですが、なかなか百点満点はないので、2~3社に絞ってヒアリング（面接）を行います。ここで数量の違いや単価の高い安いを確認して、必要であれば修正を受け、あわせて会社のアピールや、今回の工事の進め方などについてプレゼンテーションをしてもらいます。「ここの数量が少ない」→「〇〇に修正します」、「この単価で可能か」→「可能です」というやりとりを通じて見積書をより正確にし、最終的な見積内容と金額で設計どおりの施工を行うという確認を取り付けます。

管理組合は専門的な質問はあまりできなくても、会社のことやマンション改修の実績、安全対策や住民対応などを聞き、その回答の印象を判断基準として感じ取ります。ヒアリングでは、施工会社の営業担当者だけではなく積算担当者や現場監督予定者にも出席してもらいます。現場監督の経験や人柄、醸し出す雰囲気も判断基準の一つになります。見積金額、内容、仮設や工程計画、現場監督の人柄など、総合的に判断して役員会で施工者を内定して総会に臨みます。

総会でやるべきこと

決議事項　総会議案は、管理規約に則って2週間前あるいは1週間前までには区分所有者に周知する必要があります。総会では、前段でこれまでの経過報告を行ったうえで、①発注金額と施工者の承認、②予備費を含めた修繕積立金の取り崩しを見込んだ予算の承認、が決議事項になります。コンサルタントからは工事概要や見積検討経過などの資料が提供されます。

特別決議事項　工事のなかに、区分所有法17条の「共用部分の変更」(↓182ページ)にあたる内容が含まれる場合は、それについて設計内容やその部分の工事費などの詳細な説明を行い、前記の①②とは別立ての議案として3/4以上の特別決議によって承認を得る必要があります。

オブザーバー　総会は当然ながら管理組合の主導で行われます。コンサルタントには工事に関する議案の資料提供だけでなく、総会にオブザーバーとして陪席してもらい、区分所有者の質問に対する回答への補助もしてもらいます。住民のなかには、ときどき総会で文句を言ってやろう、難しい質問をしてやろうと構えている人がいますが、これまで調査の報告会や計画の説明会でのコンサルタントの印象がよいと、総会がスムーズに進行する助けになります。

総会で承認されれば、請負契約、工事説明会を経て、いよいよ工事が始まります。

第一号議案　大規模修繕工事実施の件

1. ○年□月に修繕委員会を設立し、工事の時期や内容を検討し、△月△日の皆様へのご説明を経て、別紙のような工事の内容で、本年□月より、大規模修繕工事を実施いたします。（参考資料―工事項目一覧表など）

2. ○月○日〜□月□日の間で見積参加希望者を募集し、応募15社の中から5社を選定、□月△日にその5社を集めて現場説明をおこないました。（参考資料―経過一覧表など）

3. ○月○日に見積を徴収し、内容を精査した上で3社に絞り込み、○月□日に3社を個別に呼んでヒアリングをおこないました。（参考資料―見積比較表など）

4. その結果、見積内容、金額、会社の姿勢、現場代理人予定者の人柄などを総合的に検討し、㈱□○△建設に○千○百万円で発注することを提案します。（参考資料―受注予定会社概要など）

5. 工事費は修繕積立金から拠出することとし、工事費○千○百万円、予備費○百万円を修繕積立金予算として計上いたします。

図５　大規模修繕工事の議案例

コラム

総会のはなし　あれこれ

総会議案

管理組合の最高決議機関は総会（法律用語は集会）です。通常の議案は当年度の事業報告と決算報告、それに伴う監査報告、そして次年度の事業計画と予算、管理会社との委託契約、管理組合の役員選出などです。これらに加えて、たとえば3年に1回の特殊建築物定期報告や、5年ごとの防犯カメラのリース切替えなど、毎年ではないが何年かに一度の出費についても事業計画と予算に組み入れます。

一般管理費会計と修繕積立金会計

管理組合の建物設備の維持管理にかかる事業は、お金の出どころで区分するとわかりやすく、総会議案のつくり方も明確になります。お金の出どころは一般管理費会計と修繕積立金会計の大きく分けて二つがあります。

一般管理費会計：管理会社への委託費、エレベーターや設備機器などの定期点検費用、排水管洗浄や植栽管理などの保守費用などが中心です。

修繕積立金会計：大規模修繕工事をはじめとして揚水ポンプの取替えや消火器の取替えなど、長期修繕計画に位置づけられた修繕や更新にかかる費用の出どころです。

それぞれの収入は、「管理費」と「修繕積立金」の名目で各区分所有者から別々に徴収します。この二つの財布はキッチリと分けて運用する必要があり、たとえば一般管理費会計の繰越額が多くなって修繕積立金会計に繰り入れようというときは、総会の承認が必要です。専門家への委託契約——たとえば大規模修繕工事のコンサルタント契約など——は、個別の議案として決議されることもありますが、事前の総会で予算として承認を得ておいて、契約自体は理事会の決議で進めていく場合もあります。

「共用部分の変更」の判断

総会決議の方法は本文でもたびたび言及しましたが、ここでは大規模修繕工事をはじめとするいろいろな改修工事の実施に関する決議についてふれておきます。

重要な点は、実施しようとする改修の内容が区分所有法17条の「共用部分の変更」にあたるかどうかを確認することです。182ページで述べるとおり、この条文の除外規定が2002年に改定され、一般的な大規模修繕工事は「共用部分の変更」に該当せず、普通決議（過半数）で議決できることになりました。そうすると特別決議（3／4以上）を要する「共用部分の変更」とはどんな内容かが問題になります。条文をそのまま読むと、「形状または効用の著しい変更を伴うもの」が対象になり、ポイントは「著しい」かどうかです。

たとえば、共用玄関入口をオートロックに改造する場合は「効用の著しい変更」と解釈される場合がありますが、入口の扉を手動扉から自動扉に改造するだけであれば「著しい変更」とはいえません。

オートロックは今まで何の関門もなく出入できていた入口にカギが掛かるわけですから、変更度合いの差は大きいといえます。こういうイメージで「著しい変更」かどうかを判断すれば、大外れすることはないでしょう。

仮に大規模修繕工事にあわせて共用玄関のオートロック化を実施しようとするときは、オートロック化の工事だけを切り離して特別決議であることを明記したうえで、別立ての議案にする必要があります。こうしておかないと、全体が特別決議になってしまい、もしかしたら大規模修繕工事もできなくなってしまう可能性があるからです（オートロック化は普通決議で可という意見もあります）。

総会出席者数、昔と今

総会が有効に成立するためには区分所有者の過半数の出席が必要です。これは実際にその場に出席している人たちだけでなく、委任状を提出することで出席とみなすので、総会そのものが成立しないということはあまりありません。しかし、総会は組合員全員で管理組合の事業を審議して決める数少ない場所なので、なるべくたくさんの区分所有者に出席してもらいたいものです。

現実は大規模なマンションでは1割くらい、中規模のマンションでも2割か3割の出席で、最近は過半数が実際に出席する管理組合は20～30戸の小規模マンション以外では見かけなくなりました。なかには現役員と次期役員予定者だけのさびしい総会もあります。

一概にはいえませんが、この風潮は自分の家の中（専有部分）以外の共用部分に対する関心が薄いことの現れで、以前（といっても20年以上前）は、住民の多くが共用部分に関心があって「ここが不便なので改善してはどうか」とか、「植栽の剪定の仕方が悪い」「どこそこの壁が割れているので修理したほうがよい」など、総会でいろいろな意見や提案があって、それらは次年度の理事会の検討課題となり、次の総会でその成果が報告されてみんなで確認し、また次の課題が出る、というのが当たり前でした。

管理会社任せの運営でよいか

　そして総会で物事を決議するための議案は、理事会が作成して総会に提案するのが当たり前で、管理会社の仕事は印刷や配布などの補助的な作業に限られていました。ところが最近はどんどん管理会社任せになっていて、役員自身があまり考えることをせず、内容すら把握していないことがあります。委任状集めを管理会社に任せ、総会当日も理事長が議長にはなりますが、議案の説明、提案だけではなく、質疑応答までも管理会社の担当者が対応するという総会をときどき見かけるようになりました。また、議案とは直接関係なく、管理会社に文句をいう会になってしまっている総会もよくあります。

　実は管理会社はこの風潮を悪くは思っていないかもしれません。逆に管理がやりやすくなると思っているのではないでしょうか。総会でいくら文句をいわれても、議案が否決されることはまずありません。こういう管理組合は、理事会も同じように管理会社のペースで進められます。「〇〇の設備が調子悪いので取替えをおすすめします、３社から見積を取りました、一番安いところに発注してよろしいですか」「お願いします」という流れで万事進むことが、管理会社としては非常にやりやすくて都合がいいのです。

　たまたま順番が回ってきたから理事をやっているだけで、みんなそれぞれ自分の仕事をもっているのに、ボランティアの理事会に時間と労力を割くのはたしかに大変です。管理会社には高い委託費を払っているのだから、すべてお任せしたい、という気持ちはわかります。

管理会社は責任をもたない

　しかし、所有者はみなさん自身です。管理会社から賃借しているのではありません。管理会社は委託されたこと以外には責任をもちません。たとえば、あなたのマンションの一室が突然、反社会的勢力の活動拠点になってしまっても、管理会社がしてくれるのは弁護士の紹介くらいです。裁判をするのは管理者であるときの理事長です。

反社会的勢力の活動拠点というのは滅多にあることではないですが、最近は一室を細かく間仕切って賃貸する「脱法ハウス」や、インターネットで客を集めてホテル代わりにする「民泊」が大きな問題になっています。これらに対して管理組合として一丸となって対応できるように、日頃から管理組合活動に関心をもち、それを通じてコミュニティを育て、高めておいてください。

6　大規模修繕工事の工事監理

設計図書どおりに工事が進められているかをチェックするのが「工事監理」です。工事監理は、管理組合と施工者が請負契約を締結したところから始まり、竣工（完成）図書の引渡しで終わります。

業務のほとんどはコンサルタントが行いますが、みんなの大切な修繕積立金を使うのですから、コンサルタントにまかせきりにしないで、管理組合も工事の主体として工事の全体的な進行、実施状況の確認に関わることが望まれます。

(1)　着工前

工事請負契約――契約書にはたくさんの意味が詰まっている

最初の仕事は契約締結　工事監理の最初の場面は請負契約書の締結です。請負契約書本体と契約約款は、ほとんどの場合、民間(旧)四会連合協定の建築工事請負契約約款の最新版を使います。紛争が生じたときに紛争審査会の調停に付すことを合意するかどうかは、管理組合が選択します。この合意書は数年前に消費者保護の観点から発注者有利に変わったのですが、管理組合は消費者でない、という説もあるので確認が必要です。

添付書類の順位にも意味がある

契約書本文、契約約款以下、下記の順位で契約書としての内容が網羅されていることを確認します。施工者と管理組合の契約ですから説明の主体は施工者ですが、コンサルタントが内容をチェックし、施工者の説明を補足することで管理組合は安心できます。

①ヒアリングの記録：「この単価で設計どおりの施工が可能です」という確認や、管理組合からの安全対策などに関する質問の回答など、ヒアリングで約束した内容は優先順位1位の契約事項です。

②見積質疑回答書：見積の過程で見積参加者からの質問に答えているものですが、設計図書に書いてないことを回答している内容や、変更の回答をしていることなどがあり、優先順位第2位とします。

③現場説明要項：見積を依頼するときの現場説明時に現場で説明した内容は、設計図書より上位になります。

④設計図書：見積時の設計図書は、前記①②③により、追加、補足、変更が生じている場合があるので、優先順位第4位となります。

⑤見積明細書：見積明細に書いてなくても設計書に書いてある、設計書に書いてなくても質疑回答で指示している、となるので第5順位になります。

なお、①～④に書いてない標準的なことを補足するために共通仕様書を添付することがあります。設計書に「特記なき限り共通仕様書によること」と書いてあれば、添付しなくてもよいという考え方で省略しています。

契約書の製本前チェックを　慣れていない施工者は見積明細書を一番に添付することがありますが、それは間違いです。契約書の製本前に、添付書類の順番が右の順位どおりで間違っていないか、欠落がないか、約款は最新版になっているかを、コンサルタントとともにチェックします。最近、約款のなかの「請負者」という表現が「受注者」に変わるなど、細かなところが頻繁に変わるので、注意しましょう。

この約款は新築工事を主体につくられているため、修繕・改修工事にはそぐわない内容も含まれています。施工者の考え方にもよりますが、適用しない条項を削除したり、適用しない個所を特約で付記したりするなど、修繕工事に即した契約になるようにしたほうがより正確です。

契約書として製本する前に前記の契約書内容の説明を受け、納得してから製本を依頼し、受注者（施工者）と、工事監理者としてコンサルタントが捺印した後、管理組合が捺印します。

「契約」というのは人を神経質にします。ごく稀に、契約書や約款の一言一句に神経を尖らせる人がいます。コンサルタントは「だいたいいつもこんな感じで、どこのマンションも同じですよ」で済ませないで、請負契約というものを熟知し、どんな質問にもていねいに明快に答える必要があります。

工事説明会

説明会資料の作成と配布　契約が成立すると、着工に向けての準備を進めます。まずは、工事説明会に向けて資料の作成です。説明会資料は施工者が案をつくり、それを監理者であるコンサルタントがチェックしたうえで管理組合に示して、内容の確認、打合せを行います。資料の表紙には管理組合

写真６　工事説明会

名の案内文を付けますが、資料の全戸配布は施工者がする場合がほとんどです。

最近は施工者の資料もこなれて見栄えはよくなってきましたが、あまりに定型化しすぎていて工事の特徴や管理組合の実情を反映していないことも多く、その点はコンサルタントに「このマンションの、この工事のための」説明資料にするべく手を入れてもらいます。また管理組合からの要望、たとえば「バルコニーの物置の扱いを規約に沿った形で明確に表現してほしい」などを盛り込みます。

説明会の進め方　説明会（写真６）は、コンサルタントや施工者が勝手に進めるのではなく、あくまでも管理組合主導で開催することが大切です。普段の総会などを管理会社任せにしている組合では、これらの会でもコンサルタントや施工者に説明を丸投げしがちなので、進行の仕方、質疑の受け方など事前に準備しておきましょう。たとえば、説明後の質疑はいったん理事会（修繕委員会）が受けて、誰が答えるか回答者を指名するようにするなどです。コンサルタントは、施工者の説明で伝わりきれていないことや不足部分についての補足、質疑の回答をするほか工事監理の仕事の内容も説明します。

工事説明会が住民と施工者の初めての顔あわせになるので、施工者も緊張しますが、住民も身構えています。攻撃的な質問をする人や、個人的な悩みを切々と訴える人、場違いな日常管理の不満をぶちまける人など、一つ間違うと何の会かわからなくなることがあります。また、100戸以上のマンションだと住民に建築関係の「専門家」が一人くらいいるものです。これは建築の専門家とは限らず、塗装や電気設備、土木の専門家だったりしますが、「オレは知っているのだ」ということを披瀝する「専門家」には注意しましょう。的外れであってもその場で論戦するのではなく、「ご指摘の内容は大切なことなので、その点は注意します」と相手の立場を尊重し、間違ってもやっつけてしまってはいけません。こういうときは、調査の報告会や計画の説明会で顔なじみになっているコンサルタントが、マンションの専門家としての経験にモノをいわせて交通整理をします。

着工前の確認事項　説明会が無事に終わると着工前に、詳細工程の打合せ、仮設計画の確認、使用材料の確認、各工種施工要領の確認、試験施工の項目設定と要領の確認などをコンサルタントが行います。管理組合としては、住民の立場で工事の工程や仮設計画について何か問題がないか内容を確認し、疑問があれば納得できるまで協議します。

(2) 着工後

改修工事は新築工事と違って今あるものに対して修繕したり手を加えたりするので、各工事の各工

写真７　ウレタン塗膜防水膜厚の測定　針を刺して厚みを測る。

程で既存の状態を見ながら、ときには試験施工などを経ながら進めていく必要があります。また、試験施工の結果や施工個所の状態によって仕様や工程の変更の可能性もあり、そのときどきの判断が重要になります。さらに、工事は人々が生活しているなかで行われるので、生活への支障を最小限に抑えながら進めていくための調整や工夫が必要になります。工事中は各工種の工程検査、各部仕上がり検査等と並行して各種試験施工を行います。

試験施工

監理者は必ず立ち会う　たとえば、試験施工には以下のような内容があります。

①塗装工事の試験施工：希釈率、塗布量とパターン（模様）の試験、塗装後の付着強度、膜厚の測定

②防水工事の試験施工：プライマー（接着剤）の付着試験、塗膜防水の膜厚測定（写真７）

こうした試験は、最近は一般的になってきましたが、実際に試験をしてみて工法や材料を変更しなければならないこともあり、施工者が勝手にやってその報告書を見るだけではなく、監理者は必ず試験の場に立ち会い、管理組合に報告します。

試験施工によって問題を早期に把握し、リスクを減らす　たとえば、塗装が施されている既存の床でウレタン防水のプライマーの付着力を試験した結果、プライマーと既存の塗装材の付着は確保できる

が、既存の塗装材と下地コンクリートの付着が弱いことが設計段階の予想以上にあることが判明したとします。このままウレタン防水を塗布すると溶剤が揮発するときの収縮力に引っ張られて浮いてくることが予想され、既存塗装材を全面的に剥離しなければならない事態になります。

設計段階である程度は懸念されたので「脆弱部は除去」としていても、全面除去となると追加工事です。管理組合としては予算追加出費は困るので、施工者に負担させようとしたり、あるいは「そもそも設計に含まれてなかったのか」とコンサルタント（監理者）を責めることになったりします。このように、改修工事では予期せぬことが多発します。調査や設計の段階で様々な可能性を想定して設計に反映させる、さらに試験施工によって問題を早期に把握し、いかにリスクを減らすかが重要になります。

工事進行中の監理者の仕事

あやしいと思ったら材料を切り取って確認

改修工事は新築工事よりも手を抜きやすい（間違えやすい）ところがたくさん潜んでいます。たとえば、止水のためのシーリング材の打替えの場合です。既存シーリング材を撤去せずに上から付け足したり、既存バックアップ材を残して材料を節約したりということがよくあります（写真8）。

経験豊富な監理者なら、指で押したときの弾力の感じでバックアップ材が入っているかどうか、あるいは既存シーリング材を撤去したかどうかがわかります。出来上がっている部分を切り取って断面を確認し、既存シーリング材が撤去されていなければ、その場で作業員を呼んで現認させ「違うのだ」と説明します。「この監理者は容赦なく切り取る」と認識されれば、作業員はあちこち切り取られては困るし、元請の監督も積極的にチェックするようになり、以後の間違いは格段に減少します。

こうした間違いは、元請もそのことを知らずに下請が勝手にやっている場合、あるいは元請の指示——設計の内容——が作業員まで浸透していない場合に起こります。そもそも作業員の常識が間違っているということもあります。

空缶チェック　ほかにも、作業員が自社の倉庫に残っていた指定以外の似た材料を勝手に使うこともなくはないので、材料の使用量の確認を含めて空缶（使用済みの空缶）のチェックも重要です。

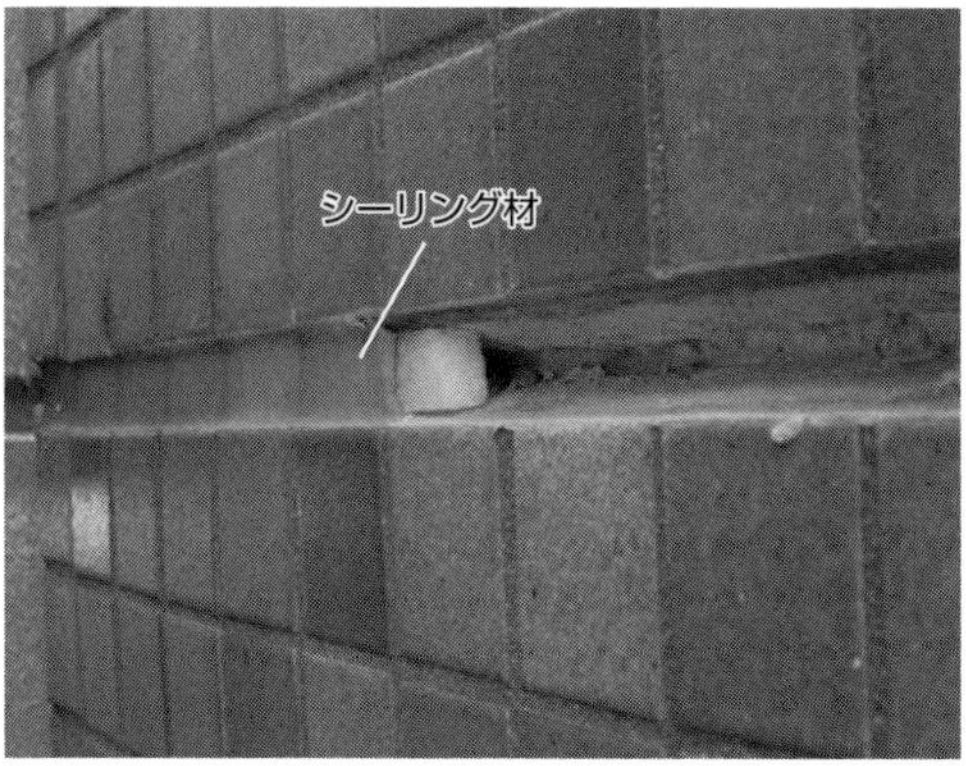

写真８　シーリング材の撤去状況　バックアップ材（白い部分）によりシーリング材の厚みが確保されていない。

作業員への声かけ　このような間違いを減らすためには、監理者が積極的に作業員に声をかけることも効果があります。たとえば、外壁塗装工事では前述の試験施工で希釈率の基準を決めますが、天候や湿度によって作業員の感覚で希釈率を微妙に変えます。

湿度の高い曇りの日に塗装している作業員に「今日は若干、水を減らしたほうがいいんじゃないですか」と聞いてみます。すると「はい、１％ほど減らしています」という答えが返ってきます。

改修工事の塗装はほとんどローラーで施工します。何度も試験施工に立ち会ったり、ときどき自分でも塗ってみたりしていると、ローラーを転がす音で希釈の程度がわかるようになってきます。希釈率が低い（水が少ない）と粘度が高くなるのでネチャネチャした音になります。

先ほどの会話は、音を聞いてわかったうえで声をかけています。作業員は「コイツわかっているな」と認識し、技能者として高いレベルを保とうという意識で仕事をしてくれるようになります。

いつも誰かが見ていると意識させる　ときには大声を出すこともあります。足場の解体時に付属部材――ブラケットやクランプ（写真9）など――を上から放り投げる若い作業員がたまにいるので、「放るな～」と叫びます。いつも誰かに見られているという意識で仕事をしてもらうことで一定以上のレベルを確保する、というのも工事監理の一種の技術です。

写真９　足場の付属部材の例　上：片持ちの足場板を支えるブラケット（棚受けのようなもの）。下：パイプの方向を変えてつなぐためのクランプ。

監理者は毎日現場にくるわけではありませんが、このように経験と技術にもとづいて厳しく適切にチェックしてくれる監理者なら管理組合は安心できます。なかには、現場に来てマンションの管理人さんにあいさつして来ていることをアピールし、現場事務所で監督と少し話をしてすぐ帰るという「監理者」もいるらしいので、注意しましょう。

写真 10　定例会議のようす

管理組合、施工者、監理者の3者で定例会議を

会議の内容　工事中は2～3週間に1回、管理組合、施工者、監理者の3者で定例会議を開催します（写真10）。内容は概ね以下のとおりです。

①前回定例会議の議事録確認：会議の内容について錯誤や誤認がないように議事録を確認する。

②工事進捗状況報告：前回定例会議以降の工事の内容、進捗を写真やビデオも利用して報告する。

③居住者からの苦情、要望の報告：施工者および管理組合で把握している要望、苦情などについて報告し、対応を検討する。

④監理者からの報告、提案、要望事項：監理内容、状況の報告や、詳細な仕様の提案・検討、および変更が必要な場合の提案などを行う。

⑤当面の工程と留意点：当面（2～3週間）の工事内容と居住者への協力・お願い事項、注意点などを報告する。月の後半には翌月の月間工程も確認する。

⑥管理組合からの報告、提案事項：管理組合の行事（防災訓練や排水管洗浄など）予定と工事の関係や、工事についての要望、追加などの要望を報告する。

居住者からの苦情への対応　居住者からの苦情はないほうがよいのですが、あるのが当たり前です。

工事に関する質問や、たとえば窓ガラスにペンキがついたなどの苦情の多くは施工者が対応しますが、そういう苦情があったことを管理組合が把握しておくことが大切です。また、施工者では対応できない内容、たとえば「ウチのバルコニーは工事しないでください」などと極端なこともときどきあって、ここは管理組合の役員さんが説得に行かなければなりません。必要であれば監理者も同行します。

また、工事に伴う様々な生活への影響、自転車や自動車の移動のお願い、通行制限など、掲示やお知らせチラシを配布するのは当然ですが、役員さんたちが住民から質問されたときに答えられるように事前に把握しておくことが重要です。自動車の移動などは施工者が直接所有者に連絡することもありますが、役員の知らないうちにことが運んでいくのはよくないので、この定例会議で移動が必要な自動車とその移動先、連絡方法などを事前に確認しておきます。

監理業務の報告　工事監理業務の報告もこの定例会議で行います。どこのどの工程の検査をして、こういう状況でこんな指示をしたという報告です。「ほんとにキチンと工事をしてくれているのか」といつも不安なので、管理組合にとってこの報告は大切です。さらに、前記した試験施工によって仕様、工法が変更になり追加が発生します、という話は、施工者からではなく監理者から報告、提案されるべき内容です。

工程の調整　天候不順によって工期に余裕がなくなることはよくあります。雨で遅れて年末までの足場解体が厳しいとなると、たとえば作業員を増員して作業範囲を拡大して進めるなどの対策が必要になります。そうなると一回の検査範囲が広がるので監理者も大変ですが、人々が生活しているなかでの工事であり、簡単に工期を延長するわけにはいきません。遅れそうになったときの対策と、それによる問題点を把握しておくことも大切です。

管理組合役員と居住者による検査

工事中の現場見学は保険に加入して　管理組合は工事監理を監理者に委託しており日々の検査を自身で行うことはありませんが、役員として自分の目で現場を見るとどんな工事をしているかの理解が深まり、居住者からの質問にも答えやすくなります。足場に乗るときは、監理者に希望を伝え、単発の保険に加入すれば足場から現場を見ることができます。

現場を見ながら監理者に説明してもらいます。現場を見た役員さんの多くは「こんなに面倒な、地道な作業をしているのか」と感心されますが、足場に乗るのは危険を伴うのであまりおすすめできません。

居住者によるバルコニーの検査　施工者の自主検査、監理者の検査を経てそれぞれの手直しが完了した後、足場があるうちに、アンケート形式の検査用紙を配布し、バルコニーに不具合がないかチェックして提出してもらいます。居住者はどの段階が工事完了なのか、なかなかわかりません。突然足場の解体が始まると「えっ、終わり？　ここ残ってない？」と不安になることが多いので、「予定の工事が完了しました。つきましては各自のバルコニーの仕上がり具合を見ていただいて、不具合があれば別紙に記入して提出してください」というアンケート兼お知らせがあると安心できます。

工事完了後の管理組合による検査　工事がすべて終わった段階で、役員さんは監理者、施工者と一緒に歩いて見られる範囲を検査します。もちろん、その前に施工者の自主検査、監理者の検査とそれぞれの手直しが終わっているので、ほとんど不具合はありません。管理組合によっては役員だけでなく、居住者全体に検査への参加を呼びかけることもあります。多くの居住者に見てもらうのはいいことで、みんなできれいになったわが家を実感してもらって、「工事をやってよかったな」という感想を聞くことができれば大規模修繕工事は成功したといえるでしょう。

最後の定例会議　検査後に最終の定例会議を行って、手直しの工程の報告とあわせて精算、追加工事の報告、確認を行います。工事中の定例会議で精算工事については中間的に、追加工事についてはその都度報告されていますが、最終的に精査してまとめた結果が監理者から報告されます。

躯体修繕の精算については、工事中に監理者が修繕記録図と現場を照合していることが前提で、その図面を集計した実績数量と設計書で設定した契約数量との差を計算して、契約条件にもとづいて精算金額が算定されます。これに追加、変更工事などを加えて最終的な増減が算出され、これを管理組合が承認します。

竣工図書の引渡し

竣工図書の内容　すべて終われば引渡しになります。新築ではありませんから建物が引き渡されるのではなく、「こういう工事をしました」という記録を網羅した竣工図書が施工者から管理組合へ引き渡されます。具体的には以下のような書類です。

①工事完成届及び引き渡し書
②各保証書（塗装、防水、その他機器類等）
③実施工事記録（躯体修繕工事の記録図、数量表等）

④各種検査記録（自主検査記録、監理者検査指示書、完成検査記録、試験施工報告書）
⑤使用材料調書（仕様材料一覧表、各材料のカタログ、試験成績表、出荷証明書）
⑥工事記録写真（各工種各工程）
⑦各色見本台帳（色票番号・品番リスト等）
⑧各施工図、承認図（足場仮設図、各施工図、機器類承認図等）
⑨各住戸バルコニー等の居住者検査記録、手直し確認書
⑩工事説明会資料、同質疑回答集、定例会議の資料、同議事録
⑪アフター点検要領
⑫工事記録ビデオ（ＤＶＤ）

これらは施工者から管理組合への引渡し書類で、監理者からは工事中の検査記録、指示事項等を含む工事監理報告書が提出されます。

記録を残す　管理組合は役員が次々と替わっていくので、記録を残しておくことは重要です。後にこの竣工図書とあわせて設計図書、契約書を見れば、どの範囲をどんな材料・工法で工事を行ったかがわかります。

2 外壁の塗り替え、屋上の防水改修

Q **塗り替え工事と屋上の防水改修工事のポイントは？**

建物調査診断の結果、外壁の塗り替えと防水改修を行うことになりました。この二つの工事について知っておいたらよいことを教えてください。

A **新しさや単価よりも前に適材適所**

外壁の塗装と屋上の防水は、建物を水や二酸化炭素から護る役割をもっています。

塗装材料や防水材料は時代とともに進化し、新しい材料もつくられ、単価も安くなり耐用年数も少しずつ長くなってきましたが、一番大切なことは適材適所です。

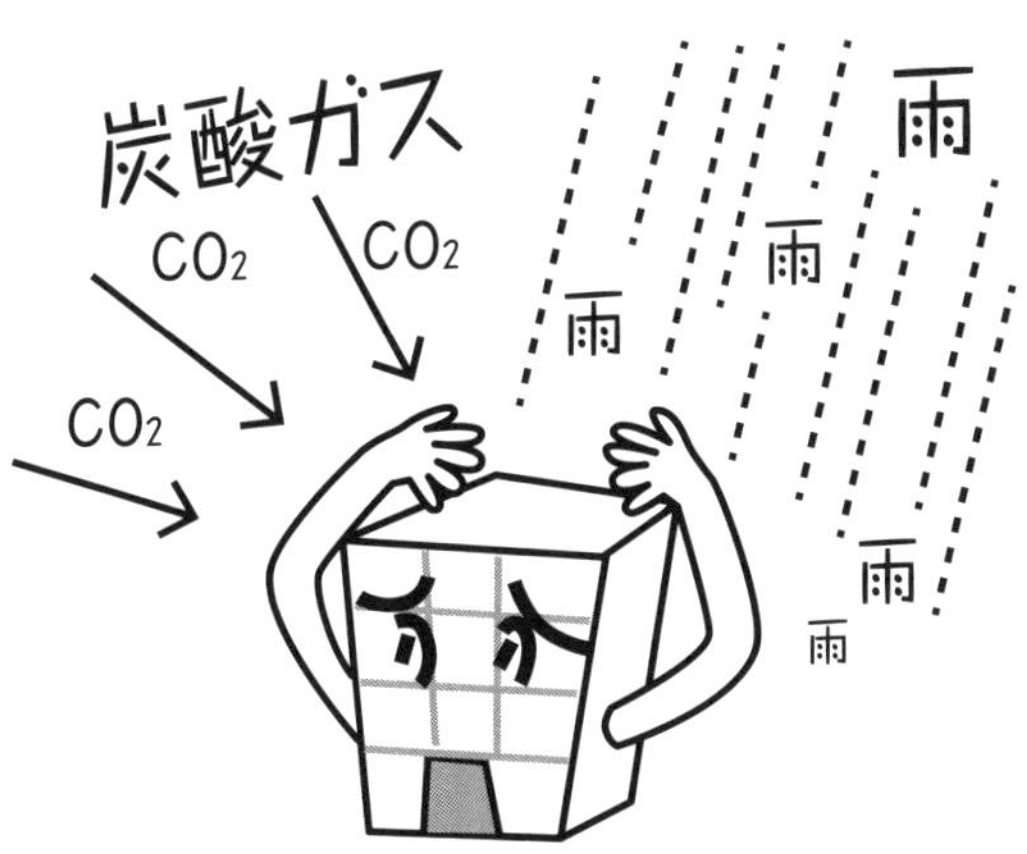

1　外壁塗り替え工事の鉄則——柔らかいものの上に硬い材料を塗らない

（1）外壁仕上げの変遷

セメントリシン吹付——1960年代～1970年代

大量供給される前の1960年代中頃までのマンションは、その名のとおり高級アパートで、外壁仕上げも重厚感のあるセメントスタッコやレンガタイルなどが使われましたが、マンションが大量供給され大衆化してきた1960年代終盤頃から1970年代の終わり頃まで、外壁は「モルタルコテ押さえの上ペンキ塗り」や「モルタルコテ押さえの上リシン吹付」（砂壁状薄付け吹付塗材）が仕上げ材料の主流でした（表1）。

吹付タイルの流行——1970年代中頃から

1970年代中頃から吹付タイルがリシンに比べて上等な塗装材として流行しました。タイルといっても陶磁器のタイルを貼るのではなく、「吹付タイル」という名の塗装材です。

磁器質タイル、吹付タイル、リシン吹付の使い分け——1980年代

1980年代頃からはマンションの立地や価格帯によって磁器質タイル、吹付タイル、リシン吹付の大きく3種類が使い分けられていました。高級住宅地では高い値段をつけられるので仕上げも高級感のある磁器質タイル、一般の住宅地や駅に近い便利なマンションでそこそこの値で売れる場合は

表１　外壁仕上げ材一覧

呼称	特徴	備考
スタッコ	凹凸の大きい吹付材	昔のドイツ壁を模した（写真 11）
リシン吹付	砂粒状の薄付け吹付材	
吹付タイル	凹凸のやや大きい吹付材	スタッコを簡略化した吹付材。タイルではないのにタイルと呼ぶ
タイル	焼き方によって磁器質（ex. 有田焼）、陶器質（ex. せともの）、炻器質（ex. レンガ）がある	
レンガタイル	レンガ風のタイル	レンガ積みの外壁に模した

写真 12　レンガ造り風の大阪市中央公会堂

写真 11　昔のドイツ壁を模したスタッコ

吹付タイル、不便な立地や準工業地域の工場跡地に建てる場合で売値を抑え気味に設定するマンションはリシン吹付、という具合です。

最近のマンションはほとんどが磁器質タイル貼りで、吹付タイルは安物扱いされる時代になりましたが、1980年代は磁器質タイル貼りのマンションは高級仕様で、ごく一部に限られていました。

そういうわけで、ここではリシン吹付や吹付タイルの外壁の塗り替えを前提に話を進めていきます。

吹付工法からマスチック工法へ

1960年代にできたマンションの1回目の大規模修繕では、新築時のセメントリシン吹付の上にアクリルリシン吹付やエマルション系の艶有塗料

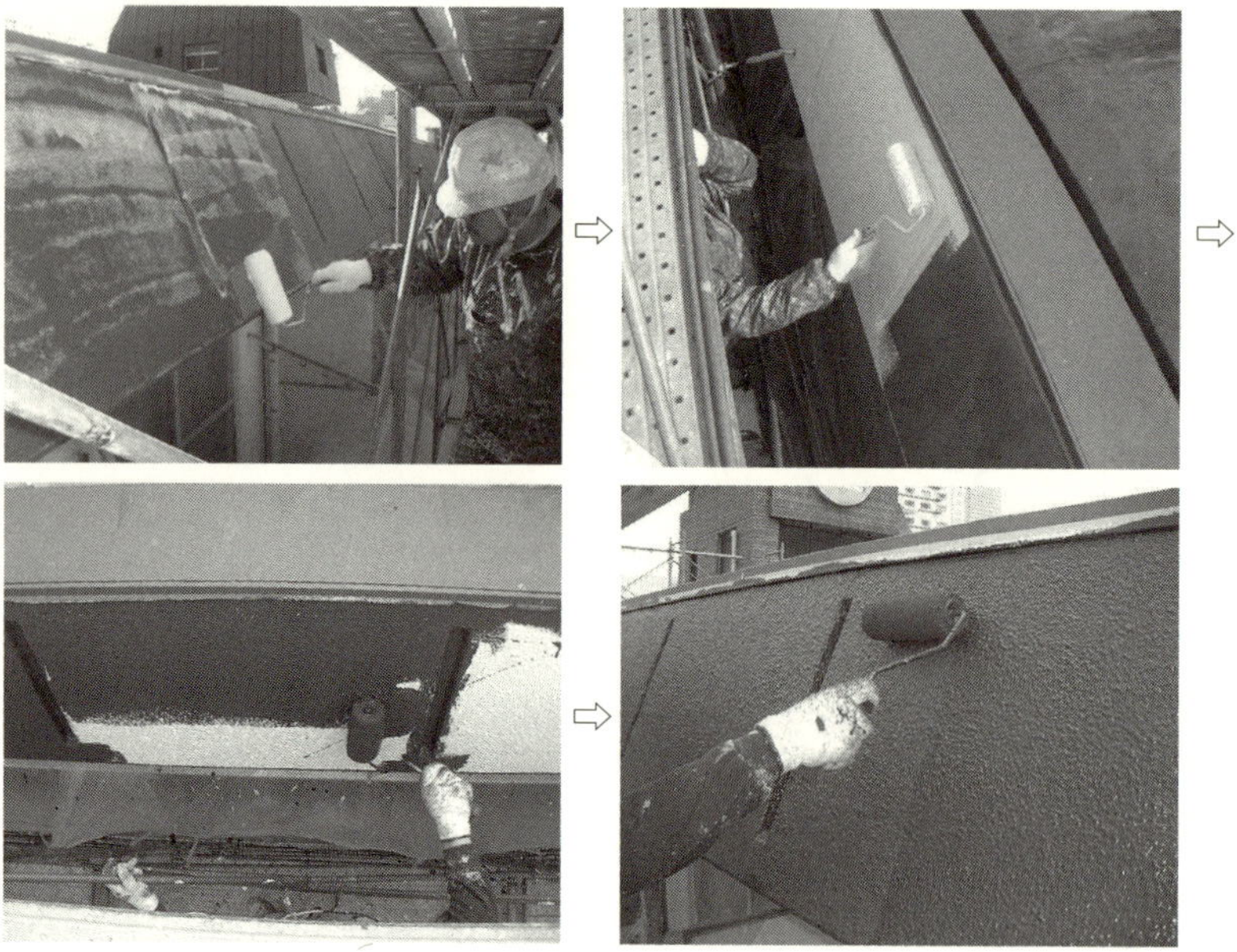

写真 13　工程数の多い複層弾性塗材を塗る作業のようす

（グロスペイント＝ＧＰ）で改修し、１９７０年代の吹付タイル塗り替えの場合もＧＰを塗装していました。しかし、リシンやＧＰは膜厚が薄いのでひび割れなどの補修跡を隠すことができず、仕上がりがよくありませんでした。また、大規模修繕は当然ながら人々が生活しながらの工事なので、広範囲に飛散する吹付工法は採用できません。

　そこでスポンジローラー（多孔質ローラー）を用いて１回で厚塗りができる塗装材料として、当時の日本住宅公団と塗料大手５社が共同開発した「マスチック工法」が多用されるようになりました。もともとは公団住宅が新築の工期短縮、長期耐用の仕上げ材として開発した材料、工法ですが、補修跡を隠し、飛散が少ないところから塗り替え工事にも都合のよい材料として重宝されました。今でもベテランの塗装職人はスポンジローラーのことをマスチックローラーと呼ぶほどに普及しました。

ひび割れに追随できる複層弾性塗材の開発

その後さらに、補修跡を隠すだけではなく、ひび割れにも追随できるように弾力性のある複層弾性塗装材が開発されました。これはゴム状の膜を張るので伸縮性があり、さらに水や空気を遮断してコンクリートを保護する効果も高く、マスチックの次世代材料として多用されるようになりました。工程数が多く（写真13）、マスチックに比べて高価な材料でしたが、耐用年数の長い上級改修材料として普及しました。

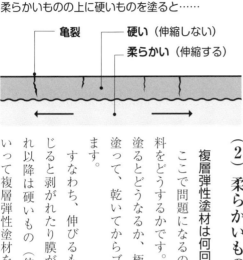

柔らかいものの上に硬いものを塗ると……

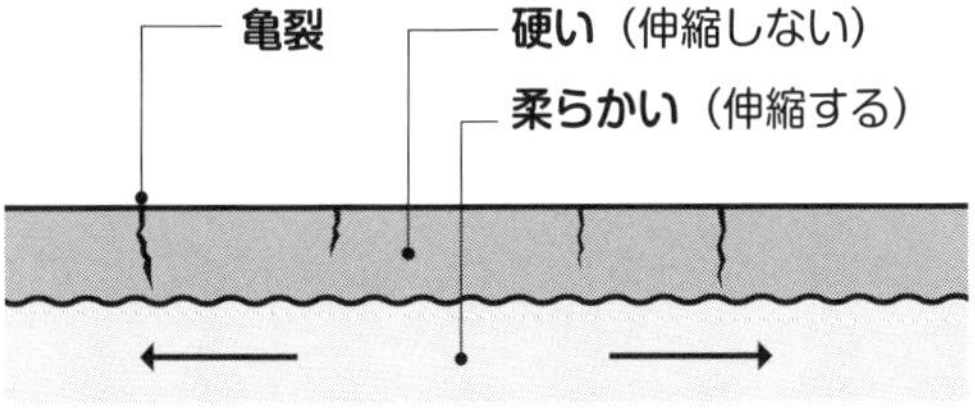

（2）柔らかいものの上に硬いものを塗ってはいけない

複層弾性塗材は何回も重ねられない

ここで問題になるのは、複層弾性塗材を使った場合の次の塗り替えの材料をどうするかです。弾力性のあるモノの上に普通の弾力性のない塗料を塗るとどうなるか、極端なたとえでいうと、ゴムのシートの上にペンキを塗って、乾いてからゴムを引き延ばした状態と原理的には同じことになります。

すなわち、伸びるものの上に伸びない膜を張った状態なので、伸縮が生じると剥がれたり膜が破れたりします。いったん柔らかいものを塗るとそれ以降は硬いもの（伸縮しないもの）を被せられなくなるのです。かといって複層弾性塗材を修繕のたびに2回、3回と塗り重ねていくと塗膜がどんどん厚くなって、3回目、4回目の塗装に耐えられなくなります。すなわち、自身の重みで下に引っ張られて浮いたり剥がれたりします。

複層弾性塗材は標準的には1m²当たり2kg以上の塗布量になるので、たとえば10階建てのマンションの妻壁なら、面積が300m²以上で塗膜の重量は600kg以上になります。これを2回繰返すと1200kg、すなわち1tを超えてしまいます。こうなってくると塗膜の付着強度（下地に対する接着力）が弱くなり、次の塗装替えのときには既存塗膜をすべて剥がさなくてはならなくなります。ちなみに塗膜を剥がす工事費用は塗るよりも高くつきます。

柔らかいものの上に硬いものは塗れない、厚塗りを何回も重ねられない、ということで開発されたのが微弾性フィラーという下塗り塗材です。文字どおりわずかに弾力性のある下塗り材で、弾性のある上塗り材を塗装します。1m²当たりの塗布量は複層弾性塗材の半分以下、単価も6～7割程度で、修繕跡の隠蔽力と雨水や二酸化炭素の遮断力もあり、近年の改修工事では多用されています。

コラム　外壁の色彩――どうやって決める？

マンションの大規模修繕工事の多くを占めるのは外壁などの塗装工事です。外壁がどんな色になるかは住民のもっとも関心の高い事柄の一つであり、どんな色にするかは概ね以下のようなプロセスを経て決定していきます。

アンケートで住民の好みを聞く

このアンケートは調査診断の段階や設計段階で行うアンケートです。色彩計画のための予備知識として、住民の色彩に関する関心度や好みの傾向をつかむために行います。設問の基本は「現在の色は好きか、嫌いか、なんとも思わないか」という現状に対する意識をまず一番に聞きます。

「好き」のなかには積極的に好きな場合と、変えないほうが無難だという保守的な感覚が含まれ、筆者の経験ではよほど変わった色でないかぎり、どこのマンションでも現状肯定派が50～60%を占めます。「なんとも思わない」という人も10～20%くらいいますが、外壁の色彩を現状から大きく変えるのは難しいことなのです。

めずらしい事例としては、1回目の大規模修繕でバルコニーの手摺壁だけを真っ青に塗ったマンションがあり、2回目の大規模修繕に向けた色彩のアンケートでは「手摺壁の青が嫌い」という意見が過半数になったことがあります。これはこれで、色を変える根拠になり次の色彩計画に大いに参考になります。

次の設問は色彩を変えるとしたらどんな色の傾向がいいですか、という内容で「明るくする、落ち着いた感じにする、ベージュ系がよい、グレー系がよい」というような選択肢を設定します。

色彩計画づくり

工事が始まるまでに、現状に近いイメージ案と前記のアンケート結果も参考にしながら、4～5案のイメージをつくります。イメージというのは現状写真にコンピュータで色をつけた写真で表現します。

この4〜5案のなかには、たとえば下層階と上層階のトーンを変えてグラデーションにするとか、手摺だけに大胆な色をつけるなど、少し冒険的あるいは実験的な案を入れます。それとベージュ系とかグレー系の無難な案を含む合計5案くらいをつくって、まず役員会で検討します。「この5案を3案に絞って全戸対象のアンケートを行います。みなさん、どれがいいですか」というふうな感じです。

変えてみたいという気持ちと、前述の事例のように変えたら文句が出るという懸念があり、まず現状に近いイメージは残されます。そして残り2案のなかに実験的な案を残すか、無難な2案にするか、これは役員の年齢層や男女比でだいたい結果は予想できます。

また、1回目の大規模修繕工事か2回目、3回目かによって概ね選択の傾向があります。比較的年齢の高い男性役員が多い場合は、大規模修繕工事の回数にかかわらず、現状案と無難案に落ち着きます。

1回目の大規模修繕工事の場合は、役員の属性にかかわらず実験的な案は残りません。それどころか、アンケートをしてもどうせ現状案になるので、ここで現状案に決めてもよいのではないか、という意見も出ます。

2回目、3回目の工事になると少し変えてみたい、という意見が出て、女性役員が比較的多ければ実験的な案が残ることもあります。男性の多くは色に対して保守的であるうえに「色彩感覚がない」と自分で思い込んでしまっているので、女性の意見が重視されます。若い男性は意見をいわないことが多く、せいぜい「あまり変えないほうがいいんじゃないですか」と消極的です。

見本を展示してアンケート

外壁色彩のアンケートは、大規模修繕工事にみんなが参加するということが一番の目的で、二番目の目的として色彩決定の裏づけということになりますが、アリバイづくりの側面も否定できません。

アンケートの方法は先の役員会で決めた3案について、実際に使う材料で見本板――なるべく大きいほうがよく、少なくとも90㎝角以上――を作成し、イメージ写真とセットにして「A案：現状に近いイメージ」「B案：暖かみのあるイメージ」「C案：クールなイメージ」というような説明をつけて展示し（写真14）、ABCを選んでもらいます。

最終的な決め方は、①アンケート結果によって決定する、②アンケート結果を参考に役員会で最終決定する、の2通りですが、①の場合、二つの案が同数になってしまい決選投票を行うことになる場合もあり、②の決め方にしたほうが杓子定規にならず、何かと応用がききます。

写真14　外壁色彩の見本板の例

いずれにしても、日本人は建物の色を変えることに消極的であることと、変えることによるリスクを回避したいという心理から、私の関わったマンションの8割以上が、現状に近いイメージまたは微かな変更にとどまっています。残り2割のうちの多くは、元の色が流行おくれのダサい感じであったり、前回の色が失敗であったりした場合の、無難な色彩への変更です。実験的な案が採用される事例はごくわずかです。

なお、最近はタイル貼りのマンションが増えて、こういう楽しみは減ってきています。

2 屋上防水改修工事の鉄則——動くものの上に硬い材料を密着させない

マンションの防水改修の対象は、主に屋上とバルコニー、廊下です。雨漏りを防ぐ大切な工事です。防水材料は時代とともに進化し、とくに改修を目的とした新しい材料・工法が開発されています。

（1）防水材料の種類

防水材料でもっとも歴史が古く、今でももっとももよく使われていて信頼性が高いのがアスファルト防水です。アスファルトは原油の沈殿物（天然アスファルト）であり、天然でないものは石油を精製した後に残るいわば油カスです。太古の昔から石積みの接着剤として、あるいはエジプトのミイラの防腐剤として利用され、今は防水と道路舗装でおなじみです。

防水材としてのアスファルトは、不織布の原反（フェルト）にアスファルトを浸みこませてシート状にして、溶かしたアスファルトを接着剤として貼ります。

以前は屋上に釜を設置して火を焚いて、アスファルトをドロドロ溶かしながら工事をしていました。今はシートの裏をバーナーであぶり溶かしながら貼るので屋上に釜を持って上がることはなくなり、アスファルトの臭いもあまりしなくなりました。日本で屋上防水に初めてアスファルト防水を使用したのは１９０５（明治38）年竣工の大阪瓦斯旧本社社屋（御堂筋のガスビルではなく、大正区に以前あったガスタンク群のあたりで、今のドーム球場付近に建っていた）で、１００年以上の歴史があります。

ほかにも防水材料はたくさんあります。シート系ではゴムシート、塩化ビニールシート、塗膜系ではウレタン樹脂、ＦＲＰ（ガラス繊維補強ポリエステル樹脂）などが代表的です。

（２）動くものの上に硬いものを密着させない

同じ材料を被せるのは無難な方法

防水の改修は、改修前の材料は何でどんな工法か、劣化状況はどうかなど検討すべき要因がたくさんあります。工法、材料の選択を間違えると、まったく意味のない改修になってしまいます。

アスファルト露出防水の上にアスファルト防水を被せるのは比較的無難な方法です。他の防水材でも元の防水材に大きな問題があったり、防水層の下に水がたまっていたりしなければ、同じ材料を被せても問題が起こりにくい無難な方法です。

押さえコンクリートは防水層を押さえて保護する

問題は、アスファルト防水コンクリート押さえの場合に、何を被せるかという選択です。

屋上防水の押さえコンクリートは、防水層の上にコンクリートをのせて防水層を保護する役割をもっています。

屋上は建物のなかで一番過酷な状況にさらされている場所です。夏冬の温度差が非常に大きく、アスファルトは夏には溶けて冬にはカチカチになります。また、新築時に下地コンクリートに水分が残っていると、夏に水蒸気となって膨張し防水層を膨らませてしまいます。その状態で冬に固まると、膨らみの頂部にひび割れが起こります。これですぐに漏水することはありませんが、毎年これを繰り返すのは好ましいことではなく、このような状態を防ぐためにコンクリートで押さえて保護しているわけです。

押さえコンクリートはいつも動いている

コンクリートも暑くなれば膨張し、寒くなれば収縮します。屋上一面にコンクリートを一体で敷いてしまうと、この伸縮力によってコンクリートはひび割れだらけになってしまうので、一般に約2mおきに伸縮目地を設けて、この伸び縮みを吸収します（図6）。要するに屋上防水の押さえコンクリートはいつも動いていると考えなければならないのです。

押さえコンクリートの上から防水材を被せるときは密着させない

いつも動いているところに何かを貼る、塗るということは、動きに追随するか、あるいは動きと絶縁する必要があります。私が見た最悪の事例は押さえコンクリートの上にFRP防水を塗った例で、FRP防水層は押さえコンクリートの伸縮目地に沿って破断し、そこから水がにじみ出し、まったく防水機能を果たしていませんでした。

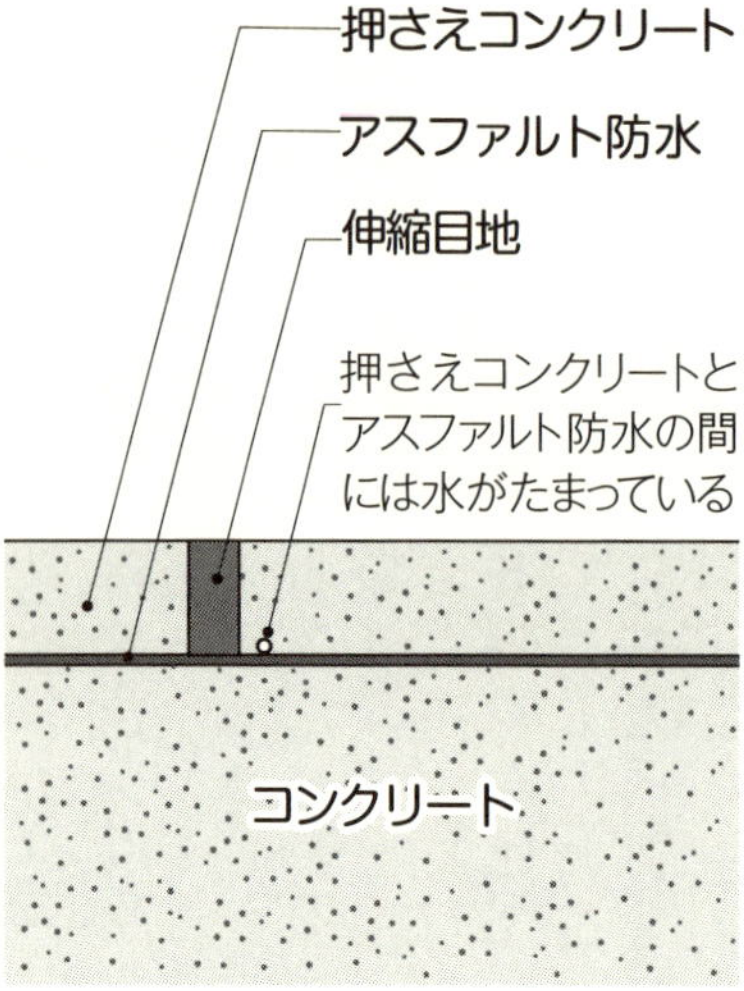

図６　伸縮目地を設けてコンクリートの伸縮を吸収する

ＦＲＰ防水はガラス繊維を補強材にしてポリエステル樹脂を塗る工法で、わかりやすくいうと硬いプラスティックの板をコンクリートに密着させた状態です。コンクリートが動けば防水層にひび割れが入り、水が浸入します。また押さえコンクリートの下には、もともと伸縮目地から入った水が防水層との間にたくさんたまっています。この水は夏になると水蒸気となって膨張し上昇するので、これの抜け道も必要です。

押さえコンクリートの上に防水を被せるときは、材料の種類にかかわらず密着させずに下の動きをかわし、さらに下から上がってくる水蒸気を逃がす口（脱気筒など）を設けることが必要です。

管理会社や工事会社から屋上防水改修の提案があったら、改修する材料と現在の防水との相性はどうか、密着工法か絶縁工法かを確認し、なぜ、その材料・工法を選択したかの説明を聞きましょう。

（3）液体は固まるときには必ず縮む

塗料や塗膜防水というものはすべて溶剤——水であったり油であったり——に溶かして液体の状態で塗布し、その溶剤が揮発（蒸発）してなくなると膜を形成する、あるいは固まるという原理です。ということは揮発した溶剤の分の体積が減るので、結果的に縮むことになります。元の体積から方向性をもたずに一定の割合で縮むので、断面形状が不均一であると縮み方も一律でなくなります。そのことで問題が発生します。

たとえば、バルコニーの溝に塗るウレタン樹脂塗膜防水材はペンキのようにシャブシャブではなく、ある程度の粘性があり溝の垂直面にも一定の厚みで塗布することができますが、液体であることには変わりはなく、ある程度は下に流れ落ちて溝の底が厚くなりがちです。結果として溝の底と垂直面の厚み、すなわち単位面積当たりの体積に差ができます。溶剤が揮発して同じ比率で体積が減少して縮むので元の体積が大きいほうが縮む量が大きくなります。モノは縮むときにまわりを引っ張るので、膜厚が違う溝の底と垂直面の境界部が引っ張る力によって破断してしまいます（図7）。

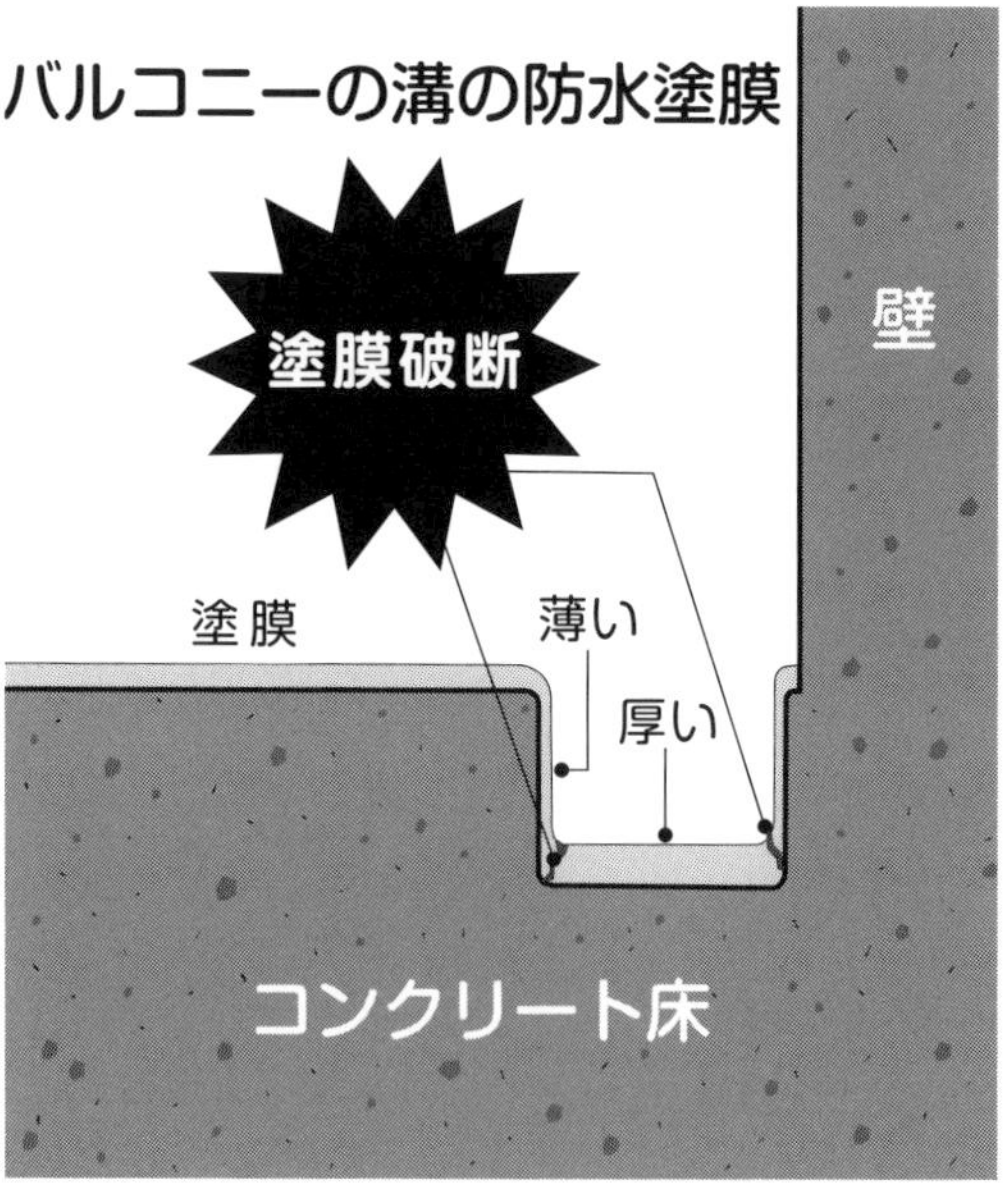

図７　塗膜防水破断のメカニズム　塗膜防水材を塗ると溝の底では厚く、垂直面では薄くなる。溶剤が揮発する際に縮む量にも差ができ、境界部が破断する。

塗料や防水材に限らず、コンクリートでも、木材でも新しいうちはなんでも縮みます。そして縮む力はいろいろな現象——ひび割れ、隙間など——を引き起こします。新築、改修にかかわらず建築工事の計画、設計、施工に際しては常に縮むことを念頭に置いておくことが肝要です。

3 設備の改修工事

Q マンションの設備はいつ頃、どんな改修が必要？

2回目の大規模修繕のときに「設備の改修も必要だ」という意見がありましたが、設備の維持管理や改修工事ではどういう点に注意したらよいでしょうか。

A ライフラインが止まる大変な工事

建物の設備には大きく分けて機械設備と電気設備があります。機械設備は給排水・衛生・ガス・空調設備など、電気設備は動力・電灯・弱電設備などで、消防設備は機械と電気の両方に属します。

生活しながらの設備の改修工事は給排水の場合は「断水」、電気の場合は「停電」を伴い、いわゆる「ライフライン」が停止する大変な工事です。これらの改修工事では、断水と停電をいかに少なくするか

が、改修工事の大きなポイントになります。

1　設備の特徴——設備は「流れ」

（1）設備の維持管理は「流れ」を確保すること

設備の維持管理で大切なことは「流れ」を確保することです。「水の流れ」「空気の流れ」「電気の流れ」などが阻害されないこと、すなわち、流れが滞ったり、詰まったり、あるいは漏れたりしないようにすることです。

建物を人間の体にたとえると、設備は「循環器系統」や「神経系統」に相当します。設備は人間の神経や血管と同じで外からはどうなっているか見えませんが、問題が生じるとたちまち生活に支障が出るので待ったなしです。外壁などのコンクリートにひび割れがあっても今すぐに支障はありませんが、水が出ないと生活ができません。流れが阻害されると生活に支障が出るので、そうならないうちに改修する、そのためには現状がどうなっているかを調べる必要があります。人間でいうと健康診断です。

(2)「断水」「停電」対策——設備の改修工事のポイント

私たちが子どもの頃は、役所の水道工事による断水や電力会社の工事による停電はときどきあったのですが、今はそういう工事による断水、停電はほとんどなく、ないことが当たり前になっているので、断水、停電に対する免疫がなくなっています。

いかに断水、停電を少なくするか、居住者に断水、停電をいかに周知徹底するかが設備の改修工事の大きなポイントになります。

まず、それぞれの設備の仕組みと劣化損傷とその対応などについて詳しく紹介しましょう。

2　給水設備の改修工事

水道業者さんから、錆瘤《さびこぶ》が著しく成長した恐ろしげな写真15を見せられて、内視調査を提案されました。どう対応したらよいでしょう。

このような写真を見せる業者さんにたぶらかされてはいけません。これは鉄管の内側が塩ビ管になっているビニールライニング鋼管（ＶＬＰ）の写真ですが、ＶＬＰは25年程度で改修の時期が到来するとされていますが、経験的には30年でもあまり問題がないことも多くあり、年数で判断するのは妥当ではありません。

調査費も高価ですから安易に内視調査を実施するのは得策ではありません。まず、給水管の材質を確認することと、具体的に何らかの症状が現れているかを調べることから始めます。

内視調査を行った場合、その結果から、本当に給水管を取り替える必要があるか、あるいは別の方法があるか、それらをいつやるべきかなどを検討します。

（1）マンションの給水設備の特徴

給水設備の方式

マンションの給水設備は以下の方式に大別されます。

受水槽─高置水槽方式　道路の本管から引き込んで受水槽にためた水をポンプで高置水槽に揚げて、そこから重力で各戸に給水するもっとも一般的な方式です（図８）。中層の団地では「給水塔」（写真16）に高置水槽があって複数の住棟に給水しています。この場合は重力で下がった水がその圧力で再び各戸に揚がって給水するので、高置水槽は高い「塔」の上に置いているのです。

受水槽─圧送方式　受水槽にためた水をポンプの圧力によって直接各戸に給水する方式です。

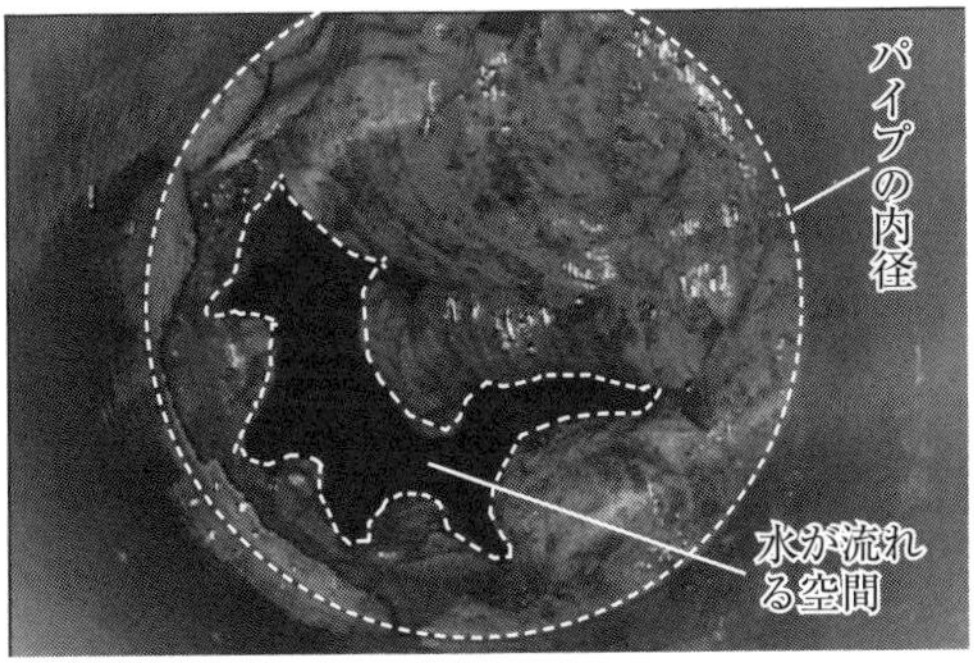

写真 15　著しく成長した恐ろしげな錆瘤

写真 16　給水塔

直結直圧方式　水槽に水をためず、一戸建て住宅と同じように道路の本管圧力そのままで各戸に給水する方式です。中低層のマンションに用いられます。

直結増圧方式　本管圧力だけ

では各戸の水圧が不足する場合、増圧ポンプによって後押しして各戸に給水する方式です。最近は中高層の一定規模以下のマンションで一般的になってきましたが、自治体によって規模（戸数）や高さ（階数）の制限があります。

なお、尋常な高さでない超高層マンションは、重力では低層階の水圧が高すぎるので、受水槽—圧送方式がほとんどです。しかも、低層階と高層階を同じ系統にすると圧力の違いが大きすぎるので、ポンプを低層用と高層用に分けて圧送する場合と、中間に受水槽を設けて水槽も低層と高層に分けて圧送している場合があります。

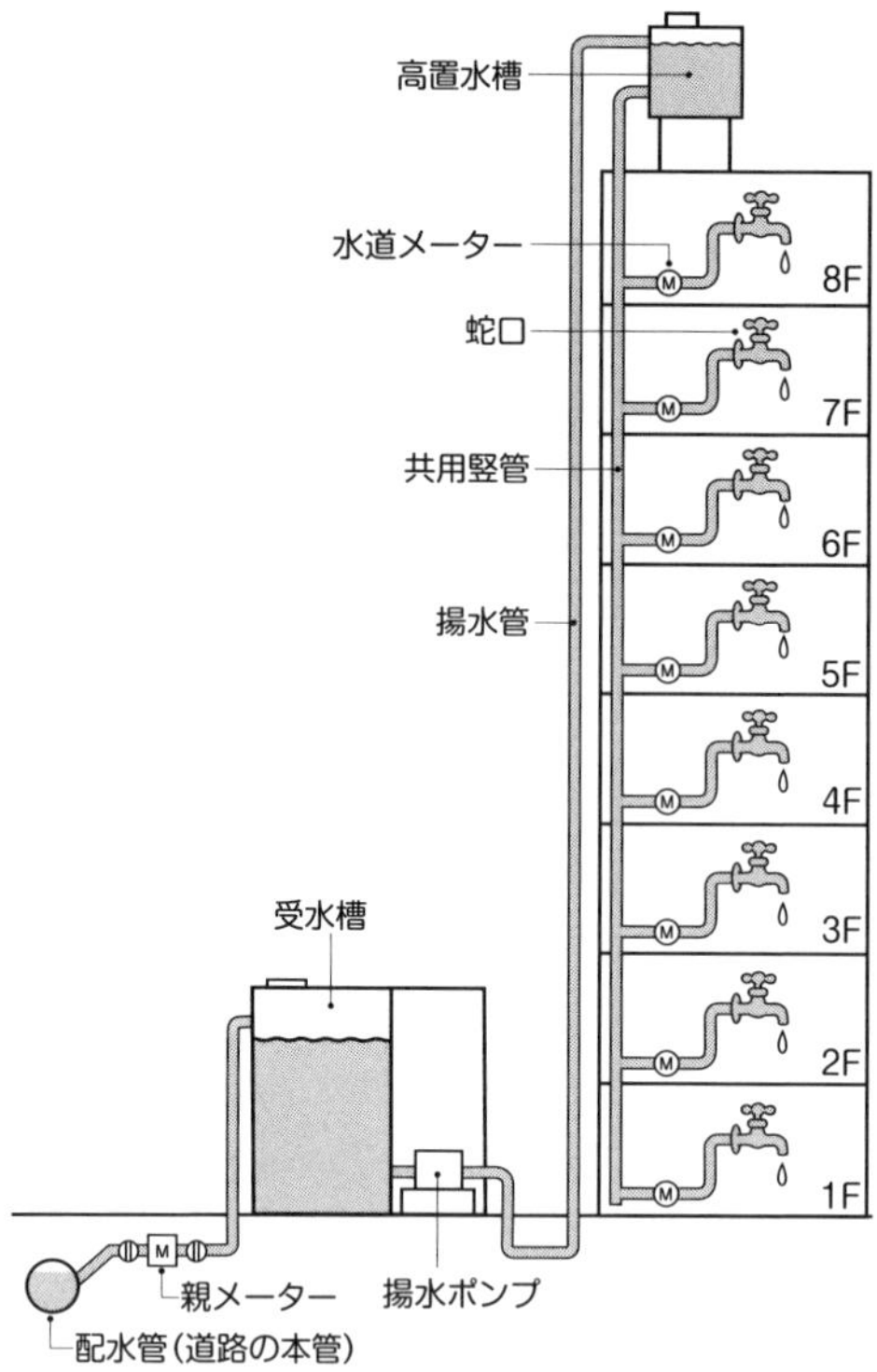

図８　マンションの給水経路

管理組合の管理範囲

給水設備では敷地内の引込管から共用竪管、各戸水道メーター（量水器）までと、水槽やポンプなどが管理組合の管理範囲です。ただし、直結給水方式の場合の各戸水道メーターは自治体の管理になっています。自治体によっては他の方式でも各戸水道メーターを管理している場合があります。

水道メーターは計量法という法律で8年ごとに取替えが義務づけられているので、自治体もしくは管理組合がこれをめやすに更新していきます。水槽は年1回の洗浄と水質検査が義務づけられており、ポンプも定期的に点検し、異常があれば整備、修理を行います。これらは目に見える設備で問題が比較的早く発見できて対応しやすいのですが、問題は「流れ」を担う給水管です。

（2）給水管の調査

給水管の種類と劣化

ビニールライニング鋼管（ＶＬＰ）　給水管の種類はいろいろあります。材種によって劣化の内容は異なりますが、一番問題になるのが「錆」です。しかし、錆びるのは材質が鉄の場合で、塩ビ管は錆の問題はありません。「鉄」といっても単純な鉄管ではなく、一般的によく使われているのは、鉄管の内側が塩ビ管になっているビニールライニング鋼管（ＶＬＰ）です。

塩ビ管は錆びないのに、わざわざ錆びる鉄を使わなくてもよいと思うのですが、昔は、塩ビ管の耐水圧や継手の接着剤の信頼性等に確信がなく、外力にも比較的弱い、火災にも弱いなどの理由で、旧住宅公団などがＶＬＰを標準にしたので、これがマンション全体に普及した結果、ＶＬＰが多く使用されることになりました。

ＶＬＰは外側が鋼管でしっかりしていて、内側がビニールなので錆びないというのが利点ですが、継手部分に弱点があります。直管部の内側は塩ビ管で厚みがあるのですが、継手部は樹脂を塗っているだけなので、比較的早く摩耗して鉄が露出してその部分から錆が発生し始めます。狭い範囲で錆が進行していくので立体的に錆が成長し、錆瘤現象が進んできます。しかもネジを切っているので鋼管の肉厚も薄くなっており、錆、腐食が進行して穴があくと漏水することになります。そのため、最近ではネジ部分の内側にも塩ビ管を挿入して、この弱点を改善しているものもあります。

耐衝撃性硬質塩化ビニール管（HIVP）　今では給水管の改修に、衝撃に弱い塩ビ管の弱点を改良した耐衝撃性硬質塩化ビニール管を使用することが増えてきました。

異種金属接触腐食　もう一つ、よくある劣化は「異種金属接触腐食」と呼ばれる現象です。簡単にいうと、鉄と銅の接点に水が介在すると電気が流れて腐食するというもので、短期間に異様に腐食が進みます。水道メーターの接続部分によく見られます。

給水管の調査と改修の判断

アンケート調査　給水管の調査・改修の判断は、まず給水管の材質を確認します。竣工図面を見て、引込管、揚水管、竪管、枝管などのどの範囲で、どんな配管材料が使用されているかを確認します。引込管は鋳鉄管（ＣＩＰ）の場合がありますし、揚水管はＶＬＰ、共用竪管はＨＩＶＰという場合もあります。

つづいて、給水について具体的に何らかの症状が顕れているか、たとえば水の出が悪いか、トイレのタンクの底に錆片がたまっているか、などについてアンケート調査を行い全体の傾向を把握します。これらの現象が顕著であれば、内視調査によって管内を確認する価値があります。

ムダな調査はしない　25年以上経過していれば念のために内視調査をしてもムダではありません。

現在の劣化状況を知り、改修時期まで何年くらい猶予があるか、そのときに資金的余裕があるか、などを把握する資料として有効になります。

ただし前記の例のように引込管がＣＩＰ、揚水管はＶＬＰ、共用竪管はＨＩＶＰという場合は、内視調査はまだ先でも問題はありません。ＣＩＰは50年以上の耐用が期待され、揚水管のＶＬＰは口径が大きくいつも大量の水が流れているので、経験上、30年を過ぎても錆瘤が大きく生成されていることはあまりありませんし、共用竪管のＨＩＶＰは塩化ビニールですから錆びません。業者さんから内視調査の提案があったら「ウチはＨＩＶＰです」と言ってあげてください。ただし、この場合でも水槽回りの弁（バルブ）周辺で錆瘤が成長していることがあるので、一概に調査不要とは言い切れません。

設備のコンサルタントとも相談して判断する　設備工事業者さんによる内視調査の結果、給水管の改修を提案される場合がよくあります。まず先ほどの、錆瘤が著しく成長した恐ろしげな写真を見せて「ＶＬＰは古くなるとこうなります」と前置きして「あなたのマンションの給水管内部はこんなひどいことになっています」と錆瘤が少し発生している写真をたくさん見せます。そして最後にもう一度最初の写真を見せて「こうならないうちに改修しましょう」というストーリーで報告、提案されます。

調査結果の写真というのは、悪いところばかりを集めているので、全体を現すものとは限りません。また、錆瘤が少しくらい発生しても水の出が悪くなることはなく、管径の半分くらいまで錆瘤で閉塞されていても水の出具合の変化に気づくことは少ないでしょう。

部分的に錆瘤が発生しているからといってあわてて改修する必要はありません。設備のコンサルタントに調査結果を総合的に見てもらって、何年後くらいに改修するのが望ましいかのアドバイスを求めてみましょう。もしかしたら10年後に再度調査をしてから考えても遅くないという判断になるかもしれません。それなりに年数が経過していれば、少し早いめに改修しても無駄ではありませんが、まだ使えるものはなるべく長く使い、修繕積立金を温存することが長期的にみると賢明です。

（3）既存の配管を利用するか、取り替えるか

給水管の改修

鉄系配管の改修　給水管の改修には主に、配管そのものを取り替える方法と「管更生」という二つの方法があります。どちらの方法を採用するかは配管の劣化程度と改修を予定する時期との兼ね合いで判断します。前記のように、給水管は樹脂系の配管と鉄系の配管の大きく2種類に分類され、樹脂系の場合は紫外線に曝露されないかぎり、外れるというトラブル以外には経年劣化ということは考える必要ありません。

問題は多用されているビニールライニング鋼管（ＶＬＰ）の錆による劣化です。錆の発生のメカニズムは前記で述べたとおりですが、どの程度錆が進んでいるかが問題です。継手部分の錆瘤によって3割程度閉塞しているのか、あるいは7割程度まで進んでいるのかによって改修の考え方が変わります。

管更生は、既存配管内に砂状の研磨剤を圧縮空気で吹き付けて錆を落とし（サンドブラスト）、管

内面に樹脂をコーティングして（ライニング）、以降の錆の発生を抑える方法です。

7割程度以上に閉塞するほど錆瘤が成長していると、鉄管の肉厚がかなり減少していると考えられ、サンドブラストによって穴が開いてしまう可能性があるため、管更生には向いていません。したがって築30年以上経過していているこのようなＶＬＰは取り替えたほうが無難だという判断になります。

しかし、築25～30年くらいのＶＬＰで錆瘤による閉塞が3割以下なら概ねサンドブラストに耐えられるので、数年以内に管更生を行うか、または5～10年後に再調査のうえ、取替えるか悩むところです。

工事完了までの断水回数　管更生の漏水保証は一般に10年となっていますが、10年で漏水が始まるわけではないので更生後少なくとも10年以上問題はなく、15年くらいで調査を行って状況によって次の対応を検討することになります。取り替える場合は塩ビ管になるので少なくとも40年以上、実際は半永久的に使えます。こう考えると、少々早くても取り替えたほうがよいのではと考えがちですが、問題は費用と断水です。

取替えの場合、たとえばパイプスペースにもう1本給水管を立てられるだけのスペースがあれば、先に新配管を立てておいて系統ごとに一斉に切り替えるので断水は1回ですみますが、一般にはスペースに余裕がなく、別の場所に仮設給水の配管をして、既存の配管を撤去して新管に入れ替える場合がほとんどです。仮設への切替え時と新管への切替え時の少なくとも2回の断水が必要で、さらにパイプスペースに給湯器が同居している場合などはその取り外しと復旧のためにお湯が使えないとい

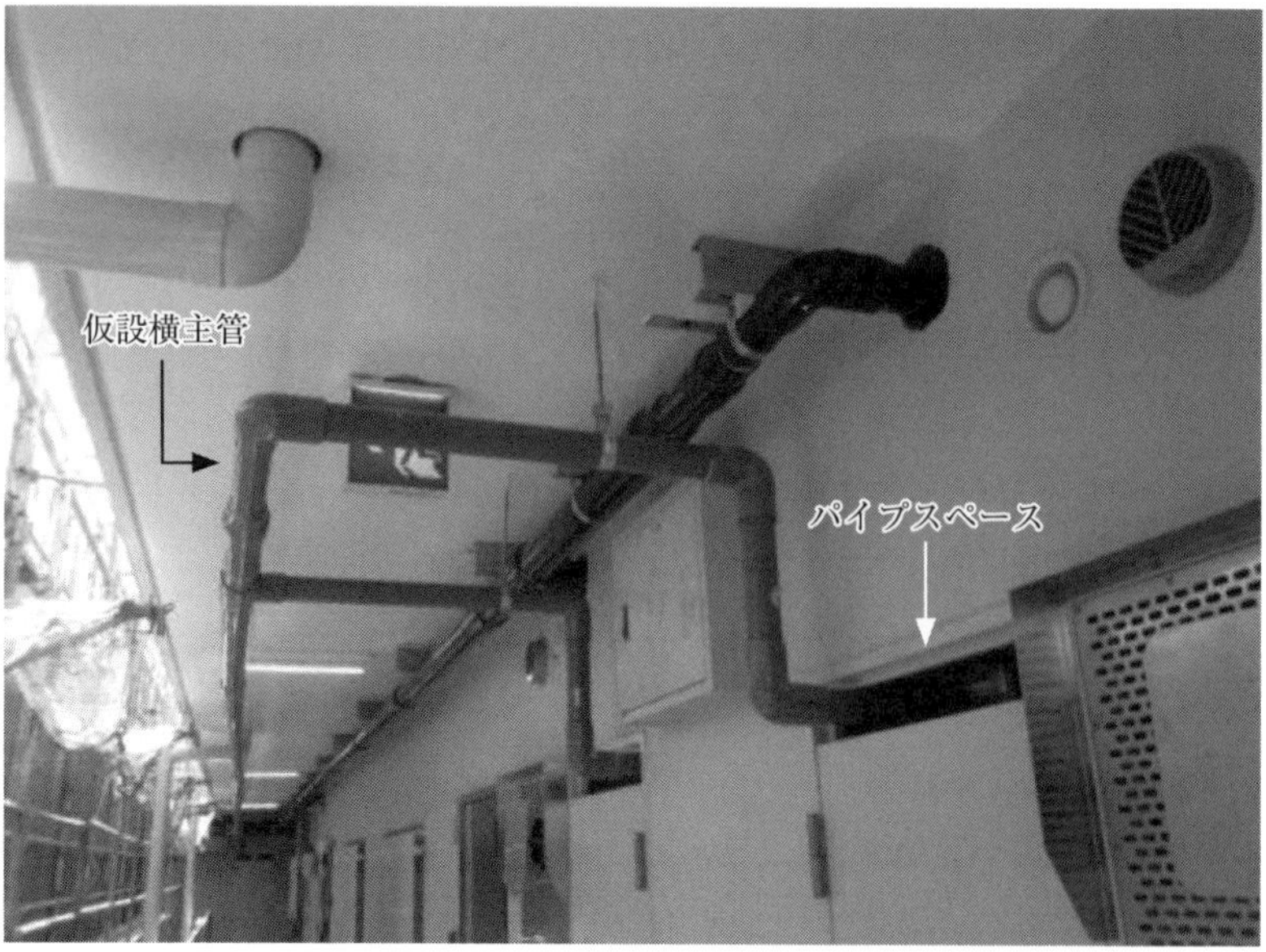

写真 17　仮設給水管　廊下天井の横主管からパイプスペースの各縦系統に分岐。

う不便もあります。当然、仮設給水設備（写真17）には結構な費用がかかります。

管更生の場合はサンドブラストからライニングまで時間は長くなりますが、うまくいけば1日の断水ですみます。長時間断水よりも短時間で2回のほうが影響が少ない、と判断された場合は、仮設給水配管を行うこともあります。

いずれの方法をとるかの判断はかなり難しいのですが、どちらかというと取り替えるケースのほうが多いようです。取替えが多い要因の一つに以下の給水方式の変更があります。

給水方式の変更

直結方式のメリット　87ページで述べたとおり、これまでのマンションの給水は受水槽─高置水槽方式が一般的でした。最近の新築マンション（超高層マンションを除く）は、受水槽、高置水槽がなく、公共水道に直結する方式が多くなっています。そのメリットは受水槽、高置水槽がいらないのでこれにかかる維持費が軽減されることと、水をためないので新鮮な水が供給されるという点です。

もう一つは、公共水道本管の水圧を利用することで省エネルギーにつながるという点です。さらに、多くの市町村では直結にした場合は各戸と水道局の直接契約になり、検針や請求支払い、水道メーターの交換などを水道局が管理することになり、管理組合の手間と8年に1回のメーター取替費用が軽減されるというメリットもあります。

水道本管の水圧は地域によって違いますが、少なくとも2～3階まで、5階くらいまで上がる地域もあります。6階、7階以上で本管圧力では届かないときは増圧ポンプで後押ししますが、これも本管圧力の足りない分だけを補うエネルギーですむので省エネルギーであることには変わりません。本管圧力だけでまかなう方式を「直結直圧方式」、増圧ポンプで圧力を補う方式を「直結増圧方式」と呼んでいます。

そして既存のマンションでもこの直結方式に改修する事例が増えています。前記したメリットに加えて、給水管の劣化が進行して取替えの時期が近づいている、あるいは揚水ポンプの取替え時期が近づいているなど、関連する設備の改修時期との兼ね合いで検討されることが増えているからです。

直結方式への変更は給水管の取替えを伴う　受水槽―高置水槽方式では、下層階ほど重力により水圧が高くなるので給水管は細くなっています。直結方式では、その逆になります。既存の給水管の先細りが逆になるので、給水方式の変更は必然的に配管の取替えを伴います。既存の配管を利用するために、いったん上に揚げて、高置水槽を経ずに従来の共用竪管を通して給水することもあります。

「給水管がＶＬＰで築30年、あるいは給水管の調査の結果、何らかの改修を検討する必要がある」

というタイミングで給水方式の変更が検討されます。なお、元の方式が受水槽―圧送方式の場合は配管を取り替える必然性が伴わないので検討する動機や時期は同じとは限りません。

水道局に導入可否の確認を　直結方式は広く普及し、一種の流行になっていて比較的新しいマンションも含めて相談が増えています。しかし、どんなマンションにもメリットがあるというわけではなく、そもそもマンションの規模や階数によって導入できないことも多いので、一概に推奨できるものではありません。まず水道局に行って導入の可否を確認しましょう。そして可となった場合は、現状の給水方式、配管材料、築年数などを勘案してメリット・デメリットを明らかにし、導入のための工事費と今後の維持費も含めて長期的、総合的に検討したうえで判断することが重要です。

3　排水設備の改修工事

排水設備では、水が逆流する、詰まる、音がする、臭いがするなどのわかりやすい症状と、問題があってもなかなかわからない土の中の排水管の不具合があります。土の沈下によって破断して長い間気づかず、何年も漏れ続けて「どうも臭い」ので調べてみたら割れていた、ということがあります。

以下、排水設備の特徴と維持管理・改修について、みていきましょう。

（1）マンションの排水設備の特徴

流れる水の種類と排水の方式

汚水と雑排水　排水管は大別して、汚水管（トイレ）と雑排水管（台所、浴室、洗面、洗濯）の2種類に分かれます（図9）。汚水管は鋳鉄管（CIP）が使用されていることが多く、50年以上の耐用が期待できるのであまり問題にしません。硬質塩ビ管（VP）の場合もありますが、トイレは熱湯を流さないし、紫外線にさらされなければ同様に問題はありません。

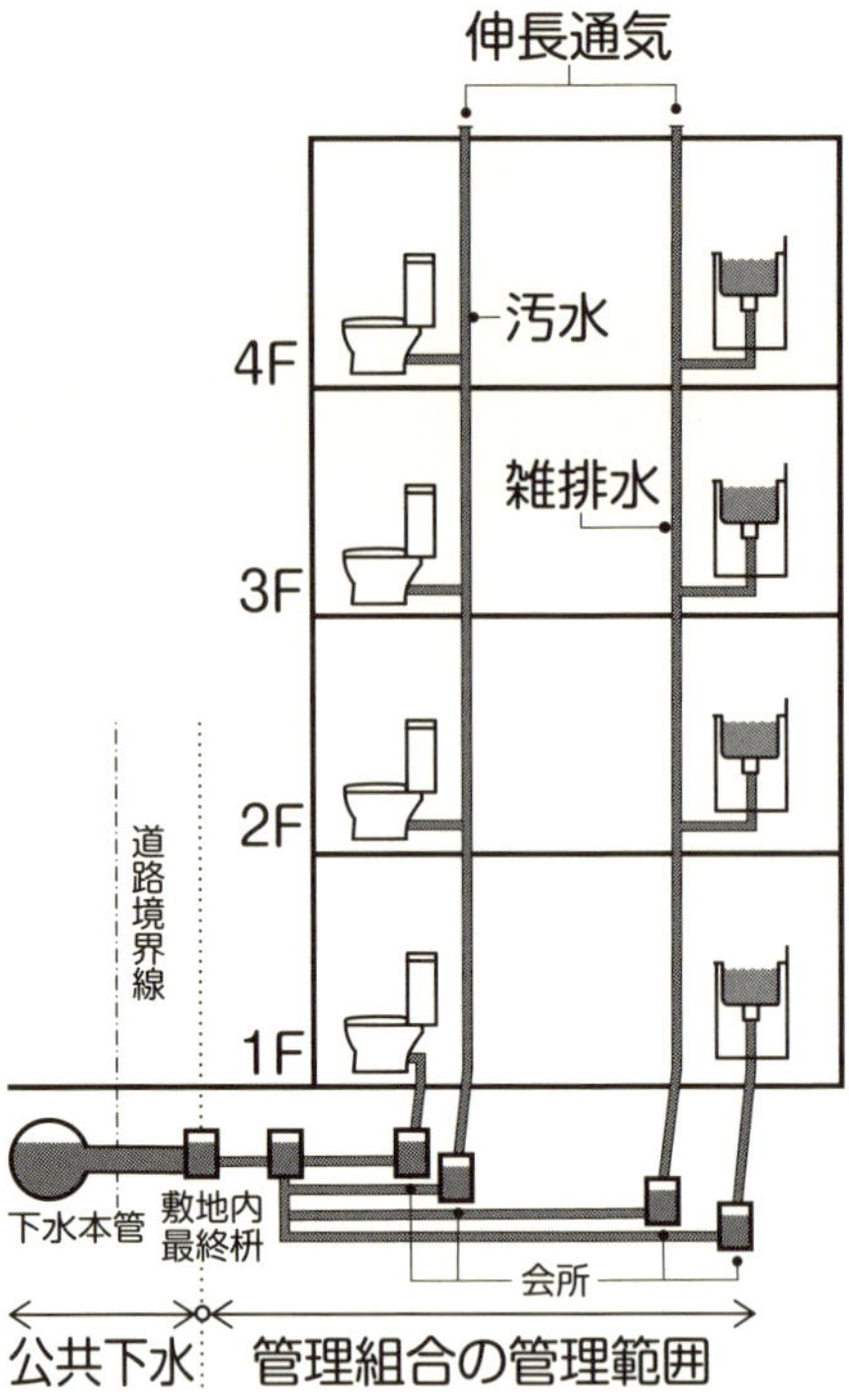

図9　マンションの排水経路

雑排水管は種類と組合せによって材種と劣化の程度が異なります。すなわち、台所、浴室、洗面、洗濯のどれとどれが同じ配管につながっているか、どこを通っているかです。雑排水の組合せや材種は一般的にこのパターンが一番多いという傾向はなく、竣工図をよく見ると、どこにどの配管材料が使用されているかがわかり、それぞれの劣化の特性や程度を推定できます。

排水の方式　すべての排水を1本の「集合管」にまとめる方式から、すべて単独で排水する方法まであります。比較的多いのは、汚水と台所の排水はそれぞれ単独で、浴室、洗面、洗濯を1本にまとめる方法です。

台所の排水方式と材質　台所はお湯（熱湯）を流す可能性があるため熱に比較的弱い塩ビ管（ＶＰ）よりも、どちらかというと排水用炭素鋼管（ＳＧＰ）が使用されている例が多く、また油分や食品残滓が流れる可能性があるので、他の排水とは別にします。たとえば台所の排水と浴室の排水を一緒にすると（合流する場所にもよりますが）、油分に石けんが絡み、そこに食品残滓、毛髪などが積み重なって固まってきて詰まってしまうという懸念から、分けて排水するという考え方があります。

しかし一方で、浴室排水は浴槽の水を抜くときには一気に大量の水が流れるので、たまったゴミを洗い流す効果を期待して一緒にするという考え方もありますが、残り湯を洗濯に使うとそうなるとは限らない場合もあり、一律に考えることはできません。

排水管の通る場所と材質

配管がどこを通るかによっても材種が変わります。塩ビ管は錆びる心配はありませんが、紫外線に弱いので屋外に配管するのは不向きですし、熱にも弱いので防火区画（火事のときに炎や煙が他の住戸に広がらないようにする区画、図10）を貫通することもできません。防火区画を貫通するときは排水用炭素鋼管（ＳＧＰ）や耐火二層管（ＴＭＰ）が使用されています。最近は耐火性硬質塩ビ管（ＦＳＶＰ）が製品化され改修工事ではよく使われていますが、新築のマンションではまだあまり見かけません。

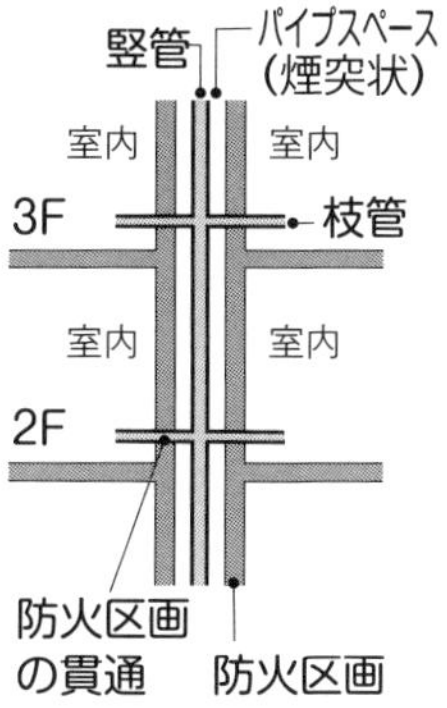

図10　防火区画を貫通して共用竪管につながる横引管

（2）排水竪管は「滝」――流れを理解する

横引管の排水は緩やかに流れている

排水の流れ　排水は、台所やお風呂の排水口から住戸内にほぼ水平に設置されている横引管（枝管）を経て、太く縦に貫いている共用竪管を流れ落ち、床下の横引管から建物の外に出た後、いくつかの枡を経て、敷地内の最終枡から公共下水道につながります（図9）。共用竪管は水が勢いよく縦にまっすぐ流れ落ちるのであまり問題が起こりません。問題は、住戸内の枝管と建物の外に出る横引管です。

横引管がなぜ問題になるかは、「滝」を想像するとわかりやすいでしょう（図11）。

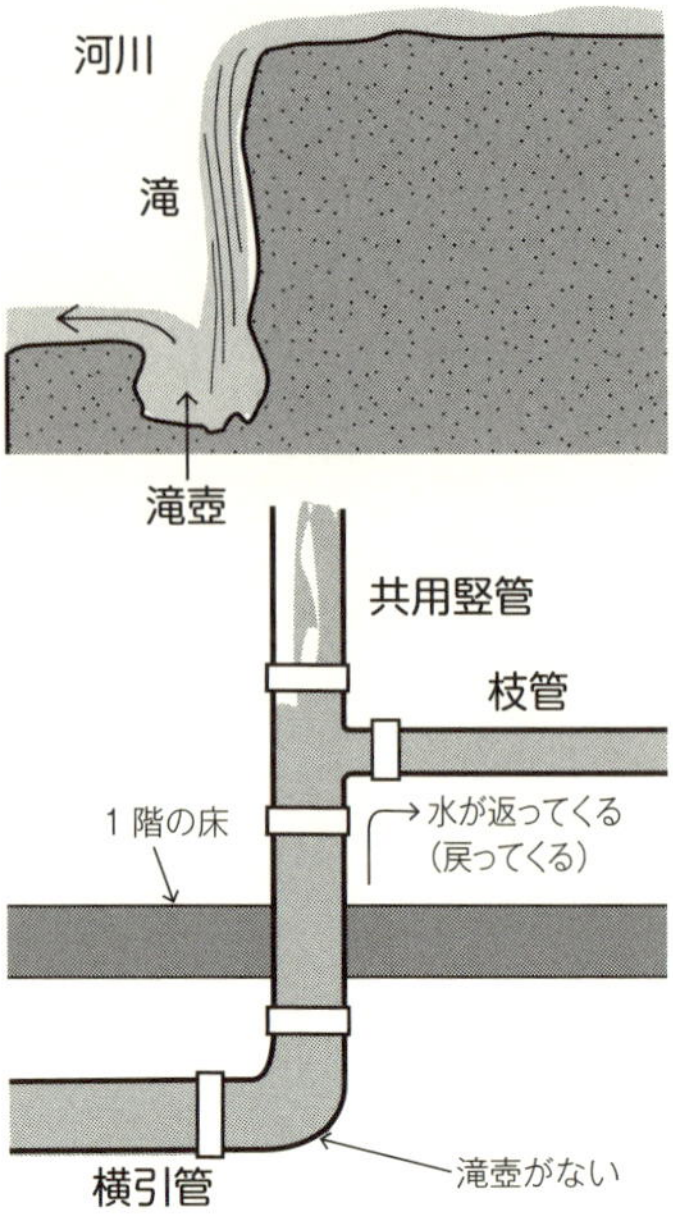

図11　排水竪管は「滝」　排水管には滝壺がないので、大量の水が流れると横引管ではまかないきれずに1階の枝管に逆流してあふれる。

滝の上流の普通の流れが住戸内枝管で、水がほぼ直角の崖を勢いよく流れ落ちる滝が共用竪管、下流の緩やかな流れが建物の外に出る横引管です。滝の下の、水の力で浸食されてダム状になった滝壺は調整池の役割を果たしています。滝壺にいったん水がたまることで流れが減速し、緩やかに下流に流れていきます。

しかし、排水管には滝壺がありません。

上から一気に流れ落ちてきた大量の水（たとえば上階のお宅が浴槽の水を抜いたときなど）が、横引管でまかないきれずに滞留し、最下階の枝管に逆流することがあります。

最下階の排水は別系統で屋外へ　こんなことになるので、1階の枝管は共用竪管に接続せずに別系統で屋外に出すようにします。1階が駐車場や店舗の場合は、2階の枝管を駐車場や店舗の天井の横引管またはその下流の竪管に接続します。これは常識なのですが、ときどき、とくに住戸の最下階が2階以上の場合（駐車場や店舗の上に住戸がある場合）に常識はずれの配管が行われていて、最下階の住戸で排水管があふれることがあります。この場合は適切に接続しなおさなければなりません。最近は1階の排水管を上からの竪管に直接つなぐ方式が開発されたようですが、今のところお目にかかっていません。

埋設管は要注意——1階の排水管があふれる原因

木の根による排水障害　排水管の問題で一番多いのは、排水管が埋設されているときの不具合です。埋設管は土の中に埋まっているので、ちゃんとつながっているか、排水勾配が確保されているか、周辺の樹木の根が入りこんでいないかなどは、掘り出すか内視調査でしかわかりません。

1階の排水があふれたというときに、まず図面を見て前述したように1階は別系統になっているかを確認したら、次に第1会所のふたをあけます。第1会所とは建物から出てきた排水管の最初の会所です。

緑豊かなマンションでよく起こるのが木の根による排水障害です。第1会所のふたをあけると、木の根でいっぱいということがよくあります（写真18）。生活排水は概して養分が高いので、木の根は

写真18　会所に侵入した木の根（点線部分）

好んで排水会所や排水管に近づいてきます。木の根が入る隙間がなければよいのですが、ちょっとした地盤沈下などで会所の配管口周りに隙間ができると、一挙に木の根が押し寄せてきて1年で充満することがあります。

埋設されている配管は硬質塩ビ管（VP）やヒューム管（セメント管＝HP）が多いのですが、会所と同じくちょっとした地盤沈下で亀裂が生じたり、HPなら継ぎ目に隙間ができたりして、少しでも排水が漏れるとそこから木の根が侵入します。

勾配不良による排水障害　木の根が原因で詰まって流れずにあふれる場合のほか、排水勾配の不足あるいは逆勾配、配管の中だるみによって流れが悪くなり、固形物が徐々に堆積してやがて詰まる、という場合があります。この埋設管の勾配不良の原因は地盤沈下です。

地盤沈下というと大変なことのように聞こえますが、日常的に地盤というのは変動しており、埋設管はその影響を受けています。当然地震によっても地盤が変動しますが、一番多いのは埋戻し土の圧密沈下です。

埋戻し土の圧密沈下による勾配不良・破断　建物をつくるときには、その周辺を深く掘り下げて基礎からつくっていくので、建物の下とその周辺の土は基礎ができてから埋め戻します。そのときには十分に締め固めているつもりでも、長い時間をかけて徐々に沈下していきます。

前記したように1階の排水管は上からの竪管につながず、別ルートで直接外へ出ていくのですが、外へ出るときに建物の外壁や地中梁などを貫通します。建物は杭などで支えられて沈下はしませんが、周囲の土が沈下するので配管が貫通部で破断してしまうことがあります。

1階の床下の土の中に埋設されていて、横引の距離が長い場合は床下の埋戻し土が沈下すると中だるみが生じ、さらに沈下が進むと破断します（図12）。土の中ですから、配管が破断して漏水してもなかなか気づきません。何年も漏れ続けて、「どうも臭い」ので調べてみたら割れていた、ということが、頻繁にはありませんがめずらしいことでもありません。

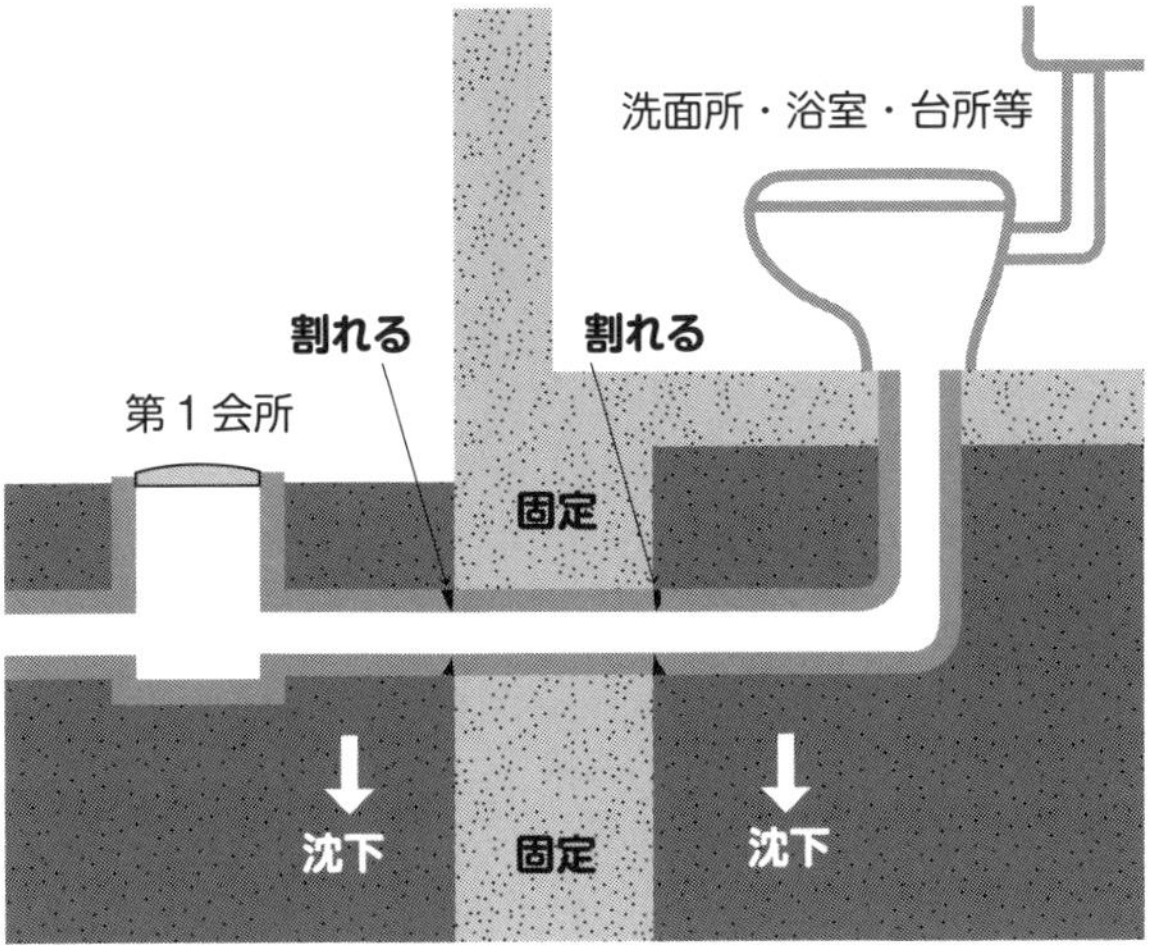

図12　埋め戻し土の圧密沈下による配管の破断　土に埋まっている排水管の部分は土の圧密沈下により沈下するが、外壁や地中梁などを貫通する部分は固定されて沈下しないので、貫通部分で破断する。

埋設管の不具合を推察する　1階の排水に問題がある場合はまず、第1会所のふたをあけて、1階の台所やお風呂から大きめの桶などにためた水を一気に流して会所内の水の流れを観察します。第1会所までの間で配管が破断して漏水している場合は水の量が減るのでだいたいわかります。中だるみや勾配不足の場合は波のある流れ方で出てきます。水の勢いが弱いときは配管内に木の根が繁茂している可能性があります。

排水は自然の摂理にもとづいているので、ある意味でわかりやすい設備なのです。排水の不具合が生じたら、まず目で見て自然の摂理にもとづいてだいたいの原因を想定します。修繕するために場所を特定する必要があるときには、内視調査をします。内視調査によって、たとえば配管内の木の根が原因であることがわかれば、ジェット洗浄で根を吹き飛ばすことができるので、掘り返す必要はなくなります。

住戸内の横引排水管は高圧洗浄が一番

洗浄は毎年1回　さて、もう一つの横引管である住戸内の枝管です。先述のように雑排水は油分や食品残滓、石けん、毛髪、繊維など様々なゴミが一緒に流れます。住戸内の枝管は水だけが流れる分には問題はないのですが、いろいろなゴミが一緒に流れるので、排水勾配の基準を守っているから安心というわけにはいきません。どうしても少しずつゴミが堆積してきます。

どんどん積み重なって詰まらないようにするために、また、鉄の配管の場合はゴミがたまったところから錆び始めるので、定期的に洗浄し、ゴミを洗い流す必要があります。排水管は給水管と違って、細いものでも50㎜ですので高圧洗浄は困難ではありません（配管が太いのでノズル付ホースを挿入しやすい）。

新しいマンションでは2年に1回というところもありますが、できれば毎年、雑排水管の洗浄を行うことが望ましいでしょう。

排水管洗浄の仕事ぶりを眺めましょう　排水管の洗浄は、住戸内の各排水口からホースを挿入し、高圧の水で共用の竪管までを洗浄します。この仕事は、あちこちで枝分かれしている配管の中を手の感覚を頼りに竪管までホースを到達させる必要があるので、簡単ではありません。

台所、洗面、洗濯、浴室の各排水口から洗浄するので、これが10分くらいで終わっているようでは、まともな仕事とはいえないので注意が必要です。排水管洗浄とはどういうことをするのか、ということを住民全員が知っておく必要があります。「竪管までホースを届かせるのは難しいのかなぁ」などとつぶやきながら作業を見つめ、キッチリした仕事を促しましょう。

洗浄後の内視調査　なお、古いマンションで配管が鉄の場合、もしかしたら部分的に腐食が進行していて、高圧洗浄の勢いで穴が開いて漏水してしまうリスクがあるとき、洗浄業者は黙ってそこだけ除外するかもしれませんし、事前にそのリスクを説明し、管理組合に可否の判断を求めてくることもあります。高圧洗浄は水の量が少なく、時間も短いので、小さな穴から漏れても大事には至りませんが、心配であれば洗浄前後に内視調査をすることをあらかじめセットで依頼するとよいでしょう。洗浄の出来具合もわかります。

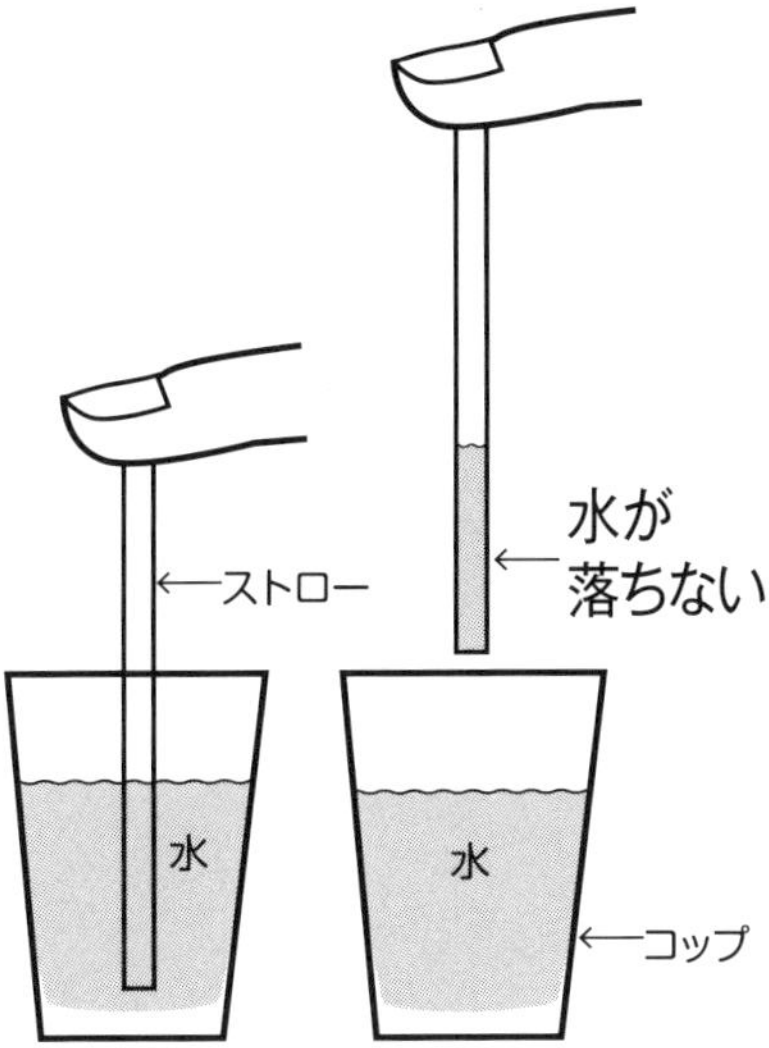

（3）排水管のゴボゴボという音といやな臭い

排水竪管の頂部には必ず空気を吸い込む口——通気口——があります。これは竪管の水をスムーズに流すための空気の取り入れ口です。ストローをコップの中に入れて、上の口を指で塞いで引き上げるとストローの水は落ちませんね。排水竪管でこういうことが起こらないように頂部に

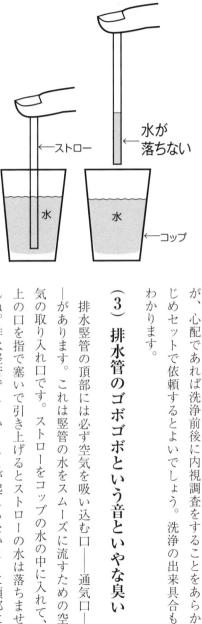

通気口が設けられています。台所で音がしたり、トイレが臭かったりする症状は、この通気口がゴミで詰まっていたり、鳥が巣をつくっていたりして、空気の量が不足しているときに起こります（図13）。

水が竪管の中を流れ落ちるときに、頂部の通気口からの空気の量が不足すると他のところ、すなわち各戸の排水口から空気を取り入れようとします。排水口には必ずトラップ（封水）があります。トラップは、排水管やその先の下水管の臭いが排水口から上がってこないようにするために水をためる仕組みです。

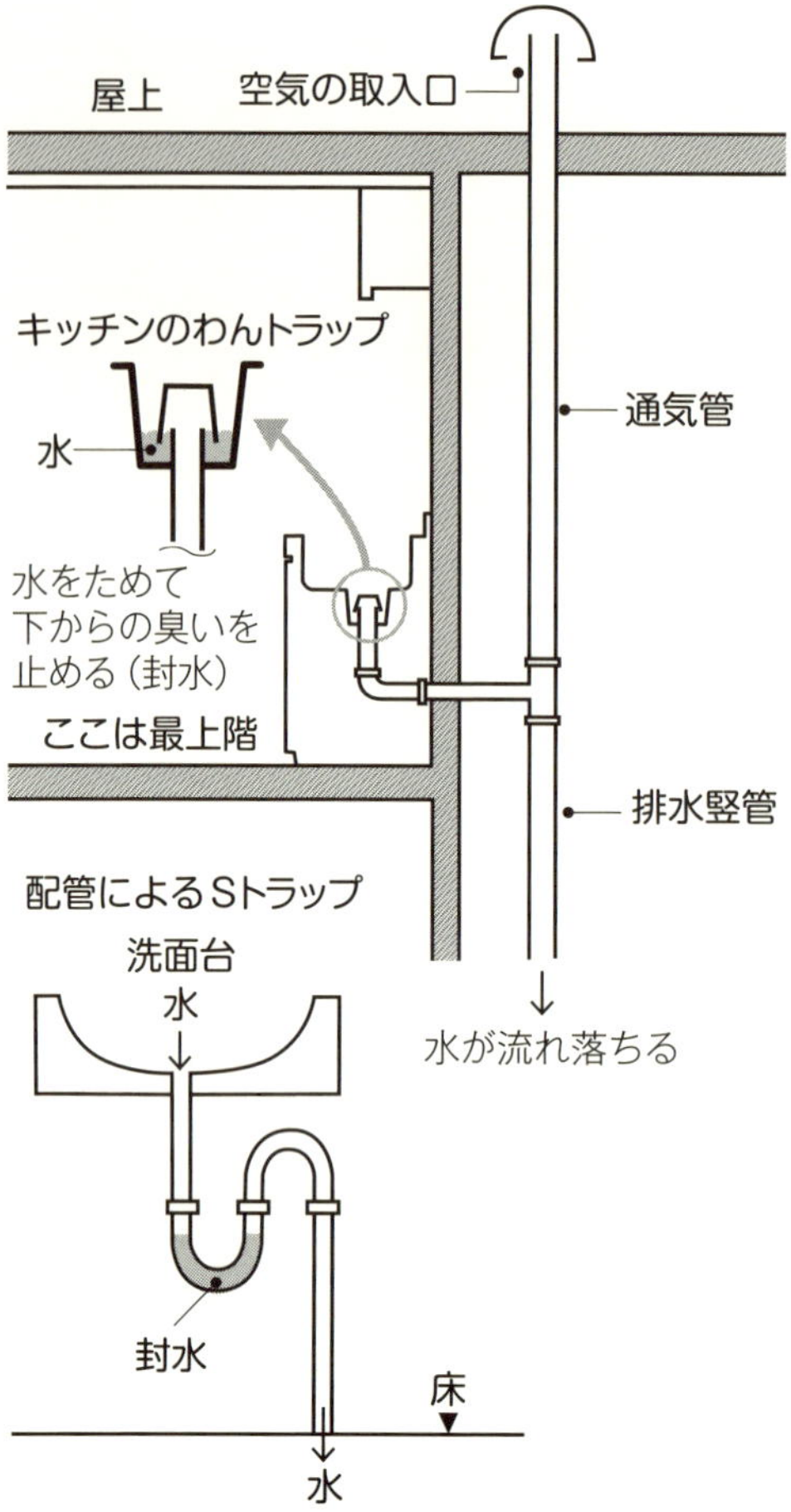

図13　排水通気口の音と臭いの原因

排水口から竪管に向かって空気が流れようとするので、結果としてトラップの水が吸い込まれて「ゴボゴボ」と音がしたり、トイレの封水がなくなって臭いが上がってきたりします。このような場合は、まず排水通気口を確認しましょう。

4　ガス設備の改修工事

マンションの管理組合が管理する共用ガス設備は、地中に埋まっている埋設ガス管とパイプスペースなどの中にある共用ガス管（竪管）だけで、ガスメーターはガス事業者が適宜取り替えます。築30年を超えるとそろそろ鉄製の埋設ガス管は錆の心配をしなければなりません。もう一つはガス管容量の問題で、各戸が新築当初より能力の大きい給湯器に取り替えるとガス管容量が不足する場合があります。ガス事業者は、どこにどんな材種でどんな太さの配管があるかを基本的にすべて把握しているので、いずれの課題もガス事業者と連携して検討すればよいでしょう。

(1) マンションのガス設備の特徴

ガス管の歴史――鋳鉄管から、錆びない破断しにくい樹脂管へ

日本のガス事業は1872年に横浜瓦斯会社が神奈川県庁のガス灯に供給したのが始まりとされています。その頃のガス管は鋳鉄管だったそうです。その後、亜鉛メッキ鋼管（白ガス管）が使用されるようになり、最長で1988年頃まで使用されていました。鋼管といっても裸で埋まってい

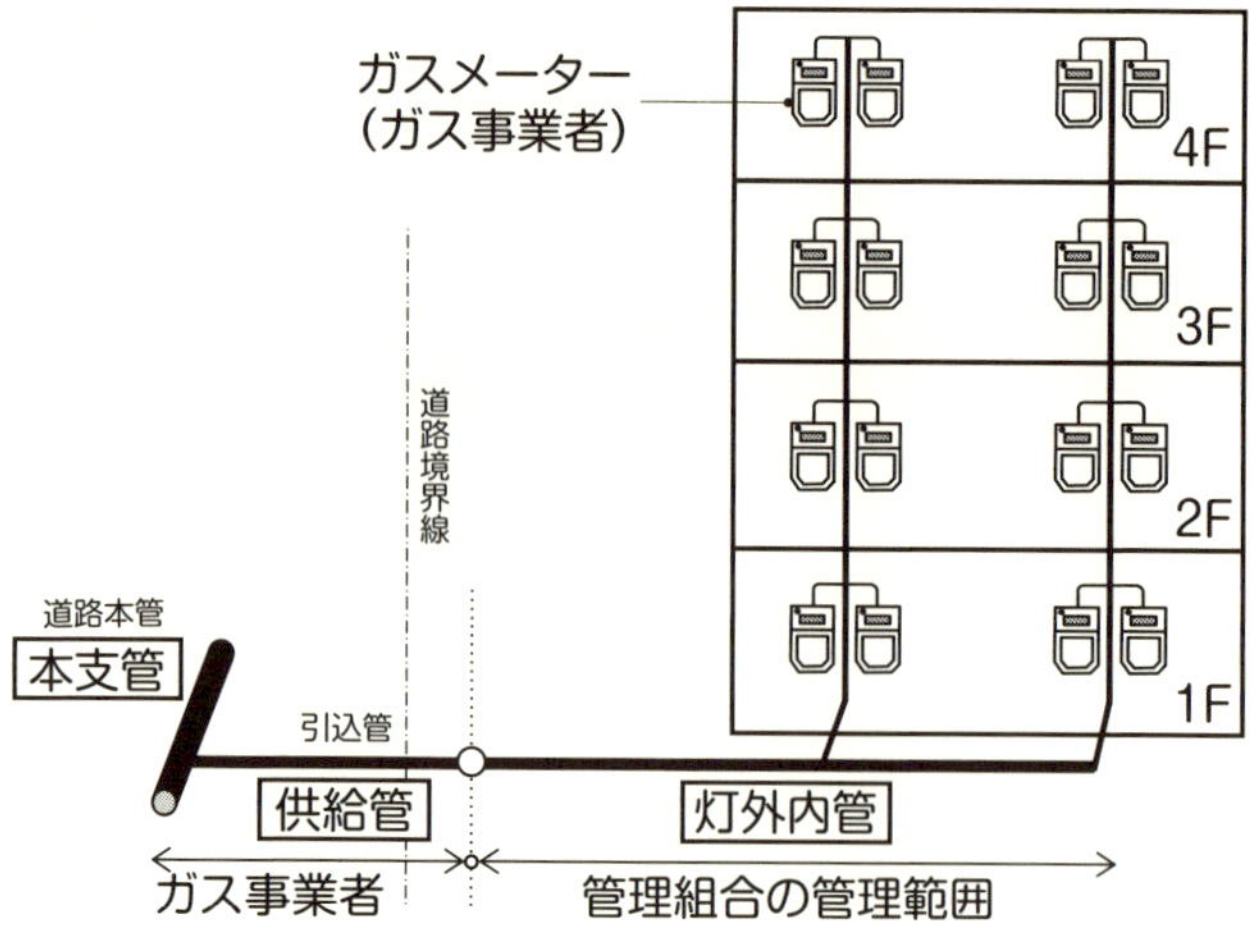

図 14　ガス配管の経路図と管理範囲

たわけではなく、「アスファルトジュート巻」といって、アスファルトを浸みこませた布（包帯）を巻き付けて鉄管を錆びないように保護していました。

外面の腐食を防ぐために塩ビ被覆鋼管（白っぽい色）が開発され、その次はポリエチレン被覆鋼管（緑色）、そして現在はポリエチレン管（黄色）になり、鋼管ではなく樹脂管になりました。樹脂管は錆びないというだけでなく、ある程度の柔軟性があるため、地震などによる衝撃に対しても破断しにくいという長所があり、阪神大震災後に一挙に普及しました。まだすべて完了していないと思いますが、ガス事業者は道路本管を順次ポリエチレン管に取り替えています。

ガス管の管理範囲

ガスはガス事業者の道路本管から引き込んで敷地内の埋設管、竪管、ガスメーターを経て各住戸に供給されています。管理組合の管理範囲は敷地に入ったところの弁（大元の栓）から埋設管とガスメーターの手前までの竪管と枝管で、ガスメーターはガス事業者の所有、メーター以降が専有部分になります（図14）。

（2）ガス管を取り替えるのはいつ？

古い埋設管の錆と穴あきに注意

亜鉛メッキ管は40年くらいまでに取替えを検討　土の中は湿っているため鉄は錆びてくるので、長期間そのままにすると錆びて穴があき、ガス漏れが起こるかもしれません。ガス事業者は亜鉛メッキ管の場合は30年くらいで取り替えてください、とすすめていますが、時代によって材質が進化してきているので、一概に「30年で取替え」ということではありません。

改修の対象は亜鉛メッキ管　「30～40年くらいで取り替えてください」というのは亜鉛メッキ鋼管（白ガス管）が対象ですが、30年過ぎたら必ずガス漏れが起こるわけではないので、あわてる必要はありません。不安がある場合はガス事業者に依頼すると、ガス漏れがあるかどうかの調査は無償で対応してくれます。

調査によって微量でもガス漏れがあればわかりますが、ガス漏れがない限り腐食が進んでいるかどうかは掘り出してみないとわかりません。築40年くらいまでには取り替える予定を長期修繕計画に盛り込んでおいたほうがよいでしょう。他の設備の埋設管改修や舗装の改修時期にあわせて計画すると合理的です。

継手のネジ部分はときどき錆止め塗装を　埋設管以外のガス管は亜鉛メッキ鋼管（白ガス管）ですが、水が通っているわけではないので内部が錆びるなどの劣化はなく、あるとすれば外部からの劣化です。パイプスペースの中の竪管は雨がかかることもなく、亜鉛メッキが施されているので、ほとんど錆びることがありません。長期修繕計画では50年くらいの周期で取替えを設定しますが、今まで実際に竪管を取り替えた経験はありません（口径を太くする場合を除く）。弱点は給排水管と同じで継手のネジ部分です。この部分だけときどき錆止め塗装を行っておけば安心です。

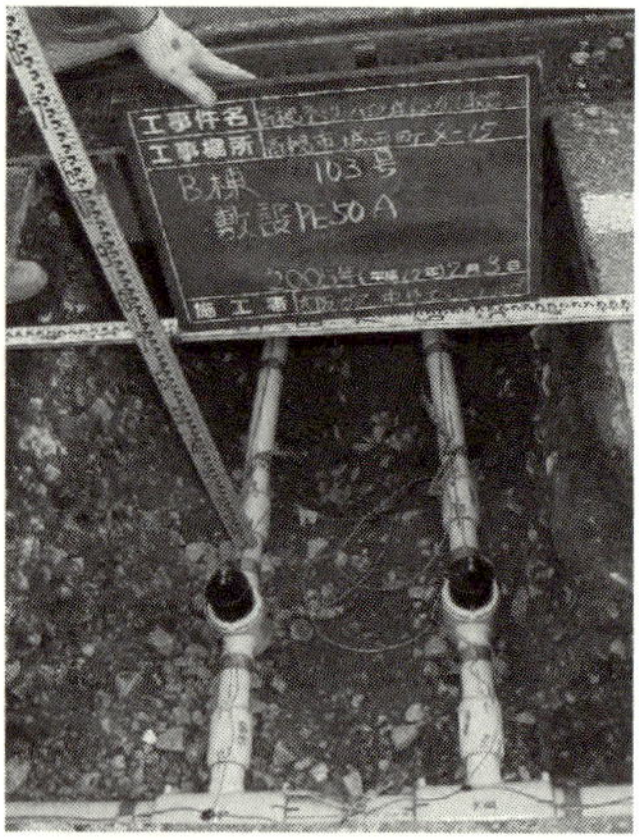

写真19　ガス埋設亜鉛メッキ管をポリエチレン管に取り替える工事（埋戻し前）

ガスの容量アップ

給湯器の能力アップ要望

ガス管改修の動機は埋設管の腐食だけではなく、ガスの容量を増やしたいという要望による場合もあります。設備の配管は何が流れるかにかかわらず、流れる量と管の太さの関係は同じで、すべて太さによって許容量が決まっています。ガスの容量アップの要因で一番多いのが、給湯器を当初のものより能力の高いものに取り替えたいという要望です。

１９８０年代まではマンションのガス給湯器は16号が一般的で、この1台で浴室、洗面、台所の3カ所に給湯していましたが、16号だとお風呂でシャワーを使うと台所のお湯が水になったりして、十分ではありませんでした。当時は「マンションはこんなもんだ」と、みんな諦めていましたが、浴槽への追い焚き機能が付いたものに取り替えたい、あるいは洗濯にもお湯を使うなど、時代とともに24号の給湯器が普通になってきました。リフォームして床暖房を、ということになると30号の給湯暖房器ということになります。

ちなみに、給湯器の号数はその給湯能力を表しており、水の温度を25℃上昇させたお湯を1分間に出せる量を示しています。たとえば24号の給湯器は、水温15℃のとき40℃のお湯を1分間に24ℓ出すことができる、という能力になります。

ガス管容量の計算　給湯器は専有部分、すなわち個人の設備ですから、リフォームなどで自由に取り替えることができるので、ガス管容量のことを考えずに、新築時の16号の給湯器を24号に取り替えられてしまうことがよくあります。ガス管容量に余裕があればいいのですが、余裕がない場合、もし全戸が24号に取り替えると、容量（圧力）不足になります。配管に余裕があるかどうかは、これもガス事業者が図面と現地を見て無償で計算してくれるので、そういう要望が増えてきたら計算を依頼するとよいでしょう。

容量不足の場合は「24号禁止」か配管の取替え　計算の結果でガス管容量が不足する場合は、管理規約の使用細則などによりたとえば「24号禁止」とするか、共用配管を取り替える工事が必要になります。埋設管、竪管の両方とも取替えが必要か、どちらか一方かは計算の結果によります。

余談ですが、都市ガス（天然ガス）は空気より軽く、常に上に上がろうとするので、竪管では上階ほど圧力が上がります。ガスの容量計算というのは正確には「圧力損失計算」で、この上に上がろうとする圧力（昇圧）が、配管の延長、管径、系統の住戸数、高低差などを加味してどれだけ減るか（損失するか）という計算です。ちなみに、超高層マンションでは昇圧が高くなりすぎるので、上層階の各戸のガスメーターの1次側（手前側）に「圧力安定器」というものが設置されています。給水管における減圧弁のようなはたらきをするものです。

5

電気設備の改修工事

管理組合から「築30年のマンションです。寒い冬にホットカーペットをつけて、ホットプレートを囲むとブレーカーがしょっちゅう落ちて困っています。なんとかして!」という相談がよくあります。

ブレーカーというのは安全装置であり、設定以上の電気が流れると自動的に切れる仕組みのスイッチです。各戸のブレーカーが過電流を防止することによって共用幹線などの共用の電気設備の安全性を担保しているので、各戸で勝手にブレーカーの容量を大きくすると共用幹線が許容量を超えて危険な状態になります。そのため、各戸がたくさん電気を使う必要性がある場合は共用幹線を入れ替えて許容量を大きくしなければなりません。共用幹線の入替え工事には必ず停電が伴うので、管理組合としては入念な計画にもとづいて慎重に事を運ぶ必要があります。

（1）マンションの電気設備の特徴

マンションの規模によって引込み方式が違う

電気は電力会社から引込み線を通じて供給されますが、その引込み方法は建物の使用電力量によって次の3種類があります。

低圧引込み　契約電力が50KW以下の場合、すなわち比較的小規模なマンションや、団地型で棟ごとに引き込む場合の方式で、家庭で使うのと同じ100Vと200Vの電圧で引き込むので変圧する必要はありません。そのため電気室は不要で、引込み盤から共用幹線を通じて各家庭に送られます（写真20）。

写真20　低圧引込み

写真21　高圧電気室

写真22　特別高圧電気室

高圧引込み　契約電力が50KW以上2000KWまでの中規模以上のマンションは、6000Vの高圧で引き込み、電気室で変圧し、配電盤を経由して各家庭に送られます（写真21）。

特別高圧引込み　2000KW以上の契約電力になる大規模マンションでは、2万V以上の高圧で引き込み、いったん特別高圧（特高）電気室で6000Vまで変圧し、それをいくつかのサブ電気室でさらに100Vと200Vまで変圧し、配電盤を経由して各家庭に送られます（写真22）。

管理組合の維持管理範囲

それぞれの引込み方法における管理組合の維持管理範囲は、以下のとおりです。

低圧引込み　電柱から引込み線までが電力会社、引込み盤から、横幹線、縦幹線を通り、電力会社のメーターを経由して各戸の分電盤までの間が、管理組合の管理範囲です。ただし、メーターは電力会社の管理です。

高圧引込み　引込み線と電気室の中の変圧器は電力会社のもので、変圧器からの配線と配電盤からが管理組合の管理範囲となり、以降は低圧引込みと同様です。

特別高圧引込み　引込み線から特高電気室の設備、特高電気室からサブ電気室までの幹線、サブ電気室内の変圧器までは電力会社のもので、以降は高圧引込みと同様です。

高圧引込みと特別高圧引込みの電気室は管理組合の共用部分としての財産ですが、電力会社に無償で貸している場合がほとんどです。一企業の儲けのための設備を入れる部屋を借りるのにタダはおかしいではないかと、ときどき裁判になったりしていますが、いまだにそれはまかり通っているようです。いまどき携帯電話のアンテナをつけるだけでも電話会社は家賃を払うのに、なぜ電気室は旧態依然としたままなのかはわかりません。

（2）共用幹線の改修

ブレーカーはなぜ頻繁に落ちる?

使用電気容量の増大　電気設備の改修で近年増えてきているのは共用幹線の改修です。電線の耐用年数については、電力会社は30年程度といいますが、基本的に許容量範囲内の電気が流れている分には経年で劣化するということはなく、屋外で被覆のビニールやゴムが紫外線で劣化する以外は半永久的に使用できるはずです。しかし、許容量以上の電気が流れると発熱して被覆が溶けて、場合によっては火災につながることがあります。

ブレーカーが落ちるというのは、許容量以上に電気が流れると安全のために自動的にスイッチが切れる仕組みです。この仕組みがないと、知らないうちに各住戸で許容量以上の電気を使ってしまい、共用幹線の許容量を超えてしまいます。

共用幹線の改修は電線の経年劣化が要因ではありません。築30年以上の少し古いマンションの場合、各家庭で使う電気容量が30年以上前に比べて格段に大きくなっているため、新築当時の共用幹線容量ではまかなえなくなって取替えを迫られるのです。

大容量電気製品の増加　最近の電気製品は省エネ型になっていますが、省エネというのは電気を効率よく使うということで電気容量が小さいということではありません。ガス釜が電気炊飯器になり、電子レンジが普及し、ガスでお湯をわかすより電気ポットでわかすことが多くなりました。しかも、ガスより早くわく電気ポットなどは、瞬間的に大容量の電気を使います。

その他、ホットプレートやホットカーペットを使ったり、各室にエアコンを設置したりするなど、大容量の電気製品がどんどん増えており、寒い冬にホットカーペットをつけて電気鍋を囲むとブレーカーが落ちる、ということになっているのです。

そして、極めつけが電磁調理器です。電磁調理器は高齢者には安全だということで盛んに宣伝されているものの、それほど普及している様子はなく、いくつものマンションでアンケート調査をしていますが、電磁調理器の設置希望者が3割を超えることはあまりありません。

しかし、独居高齢者は増加しているし、そもそも普段から頻繁にブレーカーが落ちるので各戸の電気容量を増やしたいということで共用幹線改修に取り組む管理組合が増えてきているのです。

停電を伴う改修工事

太い線に取り替える　共用幹線の改修は、単純な言い方をすると、たくさんの電気が流れてもいいように太い線に取り替えることです。電気室の配電盤のブレーカーを容量の大きなものに取り替えて、配電盤から各戸の電気メーターまでの共用幹線を取り替え、各戸の分電盤を取り替えます。

なお、配電盤のブレーカー取替えは、盤のスペースが不足することから盤ごと取り替えることが多くなっています。電柱からの引込み幹線や電気室の変圧器は電力会社の所有ですので、これらの容量が不足する場合は電力会社に取替えを依頼します。当然、工事費は電力会社の負担です。

工事による停電回数と所要時間　この工事の最大の難関は停電です。まず、配電盤を取り替えるときに全体停電が1回、共用幹線を取り替えるときに幹線系統ごとの停電が1回、そして各戸の分電盤を取り替えるときの戸別停電と合計3回の停電が生じます。

停電時間は電気室の状況や、共用幹線の設置状況によって変わりますが、短くて3時間、一般的には6時間くらいです。

工事の成否は「段取り八分」

停電対策　この工事の成否は事前の準備にかかっており、典型的な「段取り八分」の工事といえます。共用幹線を入れ替えた後の、各戸の電気メーターとの結線工事は電力会社の責任範囲であることが多く、日程をあわせて一緒に工事をしなければならないので、電力会社との日程調整を厳密にしておかないと停電工事日が決められません。電気室の配電盤の取替えも、一つ段取りが狂うと停電時間が長くなってしまうので、事前に綿密なリハーサル——当日の作業員全員で実際の作業をシミュレーションして時間を計る——を経て本番の工事を行います。

そして居住者には停電1か月前、1週間前と前日に停電のお知らせを配布して周知徹底します。お知らせには停電時の注意事項を事細かく表示します。

まず、第一には24時間稼働の医療機器を使用している居住者の有無を確かめます。もしいたらこれは止められないので、発電機を準備して仮設電源を送ります。

その他、熱帯魚のポンプが止まります。冷凍食品は融けるかもしれません。電話も最近は電気を使っているので通じません。パソコンの使用中に停電するとデータか壊れるかもしれません。録画予約は解除されてしまいます。さらにインターホンが鳴らないので「停電中、ノックしてください」という貼り紙を各戸のインターホンに貼り付ける、といった細かな説明、配慮が必要です。

冷暖房が必要な時期の工事は避ける

マンションの規模によってこの工事の期間は異なり、延べの工事期間は系統数によりますが、10階建て100戸くらいであれば概ね3カ月くらいになります。この工事は冷暖房が必要な時期はなるべく避けて、春か秋に設定しましょう。

大規模なマンションで6カ月くらい必要な場合は、少なくとも熱中症の可能性のある夏は避け、真冬の時期の停電時間中は集会所を暖房して開放するなどの措置を検討したほうがよいでしょう。

(3) 共用照明器具の取替え

居住者から「共用照明器具をＬＥＤの器具に取り替えて省エネしたい」という提案があった場合、どうしたらよいでしょうか。

照明器具の耐用年数は一般に点灯時間4万時間といわれています。たとえば、共用廊下の照明器具を1日10時間点灯しているとすると、4万時間になるまで４０００日なので概ね11年くらいになりますが、実態は15～20年くらいで共用照明器具を取り替えていることが多いようです。

最近では、取替えに際してＬＥＤの器具に取り替えることが増えています。ＬＥＤは耐用年数は同じですが、電力消費量が少なく、また管球が切れるということが基本的にはないので、少なくとも10年以上は何もしなくてよく、同じ４０００時間耐用の蛍光灯器具と比べるとランニングコストは大幅に削減されます。

コラム　電力小売自由化と一括受電 ―― 混同しないように

今回の電力小売自由化で料金は安くなる?

２０１６年４月から電力小売りの全面自由化が始まりました。今までは北海道から沖縄までを10の地域に分けてそれぞれの地域の電力会社（東京電力、関西電力など）だけが電気を売っていましたが、政府に登録すれば誰でも電力小売り事業ができるようになりました（２０１６年４月末現在の登録小売電気事業者数は約３００社）。これからは、買う側――消費者がどこから電気を買うか自由に選べることになります。たとえば、東京に住んでいても沖縄電力から電気を買えますし、ガス会社から電気を買うこともできます。

みなさんはどんな小売業者を選びますか。多くの人は「料金が安いところを」と考えているようですが、一般家庭ではあまり安くならないというのがこのところよく聞く話です。そもそも自由になったのは「小売」であり、小売業者はもとからある電力会社から電気を仕入れて消費者に売るだけなので、仕入れ価格が下がらなければ小売価格も下がりません。さらに、電力の場合は「送電・配電」にお金がかかります。送配電の設備はもとからある電力会社の設備なので、小売業者はそれを借りる費用を払わなければなりません。

新規参入業者は料金プランを自由に設定できますが、原価が下がらない以上、驚きの安さは実現できないので、たとえば、電話会社は携帯電話と、石油元売り会社はガソリンと、鉄道会社は定期券と、などセット売りによってなんとなくの「お得感」を見せるのが関の山です。また、「太陽光発電による電気を買いたい」という声ももちろんありますが、これに至っては原発推進の仇になるので、「発電量が安定しない」という理由で送配電設備を使わせてもらえないなど、本当に「自由化」といえるのか疑問が残ります。地域の電力会社の独占を崩し、異業種の他企業を自由に参入させるための「自由化」であり、消費者はそれに踊らされているだけではないでしょうか。

管理組合での一括受電による節約――各戸は小売業者を選べない

さて、マンション住民としては今回の「電力小売り自由化」をどのように考えればよいのでしょうか。電気設備のところでお話ししたように、マンションの受電方式は規模によって異なります。ここでは中規模のマンションで、電気室を介して電力を供給しているマンションを例にお話しします。

そもそも電力の小売り自由化は、特別高圧受電の大口需要家（大工場やデパートなど）を対象に2000年から、高圧受電は2004年から始まっており、今回の「全面自由化」で低圧受電の一般家庭まで含められたというわけです。2004年からの高圧受電区分の自由化により、マンションでの「一括受電」という方法が考え出されました。

これは各住戸がそれぞれ電力会社と契約するのではなく、〇〇電力という新電力会社が管理組合と契約して、たとえば東京電力から高圧で一括購入し変圧して共用部分と各住戸に小売する方法です。高圧区分と低圧区分では基本料金や単価、料金体系が違うので、マンションの規模によって差はありますが、200～300戸という規模のマンションでは2割以上の値下げになる場合もあります。この差額を各住戸に分配するか、共用部分の電気代にあてるかは管理組合で決めることができ、規模の大きなマンションでは共用部分の電力使用量が大きいので、値下がり分の半分を共用部分にあてて管理費会計を少し潤して残りを各住戸の値下げにあてる、などの例があります。

この「一括受電」の契約をしているマンションは、すでに小売業者が介在していること、変圧器などの電気設備がその業者の設備であることから、住戸単位で他の小売業者に切り替えることはできないと考えたほうがよいでしょう。みんなで「共同購入」することで、すでに「自由化」の恩恵を受けているので、さほど値下がりの期待できない今回の「自由化」騒ぎは他人事として聞き流しておけばよいと思います。

4 専有部分のリフォームに管理組合はどう関わる?

Q

専有部分のリフォームは勝手にしてよい?

居住者から「この頃猛暑の日が多くなったので、エアコンの増設工事をしました。わが家の専有部分のリフォームだから自由にしてよいと思って、外壁にエアコンの配管用の穴をあけました。ところが、外壁は共用部分だから勝手に穴をあけるのはよくない、とほかの居住者から指摘されました。どうしたらよいでしょうか」という相談がありました。どう対処したらよいか困っています。

A

共用部分のことを忘れてはいけない

もちろん、住戸内すなわち専有部分は区分所有者の意思でリフォームなどの改造が可能ですが、当然、外壁に穴をあけてはいけません。また、設備に関連するリフォームが含まれるときは共用部分に影響す

ることは少なくないので、リフォームの前に、まず管理規約を見てみましょう。

設備配管に気をつけよう

(1) 共用部分のことを忘れるな

専有部分も快適に

区分所有である分譲マンションは、区分所有者全員で共有している「共用部分」と区分所有者が専有(専ら所有)している「専有部分」で構成されています。本書で対象にしている「大規模修繕」や「設備の改修」は主として「共用部分」を対象にしていますが、マンションに快適に住み続けるためには、一人一人の住戸すなわち「専有部分」を無視するわけにはいきません。

専有部分も年数とともに傷んだり古くなったりするので、適宜改修して快適性を維持していくことが必要です。住戸内すなわち専有部分は区分所有者の意思でリフォームなどの改造が可能ですが、わが家のリフォームに熱中して共用部分のことを忘れてはいけません。

設備配管に関わる工事は要注意

専有部分のリフォームで一番注意しなければならないのは、設備に関連するリフォームが含まれるときです。間仕切りを取って部屋を広くするとか、内装や木製建具の改装などのリフォームは共用部分に影響することは少なく、間違ってもやり直しがききますが、設備配管に関わる工事で構造体を傷めたり、配管を間違ったりすると簡単にはやり直しができません。

共用部分のことを忘れて間違ってしまう具体例としては、最近はやや減ってきましたが、外壁にエアコンの配管用の穴を無造作にあけてしまったり、間取りを変更するのはいいのですが、キッチンの位置が変わって排水管の勾配が確保できずに床のコンクリートを削ってしまったり、さらには「鉄管は錆びるので塩ビ管に替えましょう」と防火区画をそのまま貫通してしまったりと、単なる「共用部分の改変」にとどまらない構造上、安全上の問題につながるような例もあります。

（2）管理規約や修繕、改修の履歴を見よう

わが家のリフォームの前に、まず管理規約を見てみましょう。これはリフォームの設計者、施工者も同じです。リフォーム工事の届出を義務づけている管理組合も多く、内容を詳しく届ける規定（細則・様式）をもっている場合もあります。

また、一般的な「共用部分」「専有部分」の区分だけではなく、その管理組合独特の考え方があるかもしれません。たとえば、一般には専有部分とされている給排水の横引管は、共用部分ではないけれども管理組合の管理下にあるかもしれません。給排水管を取り替えるときの材種が指定されている場合もあります。

また、築年数の長いマンションでは、専有部分の給排水管を、管理組合がすでに一斉に改修していることもあります。その点では管理規約だけではなく、これまでの修繕、改修の経歴を確認する必要もでてきます。

以下に、管理組合が主に専有部分の給排水管の改修に関与している例を紹介します。

事例1 管理組合が配管材料を指定し、助成金を交付する

改修は居住者任せか、管理組合が関与するか

築40年近いNマンションの専有部分の給水管は、塩化ビニールライニング鋼管（VLP）が使用されていました。89ページで述べたようにVLPは30年を超えると継手部で錆が発生しやすく、Nマンションでも水量がやや衰え始めていました。共用竪管は築30年頃に耐衝撃性硬質ビニール管（HIVP）に取り替えましたが、専有部分については当初のままでした。

一般には、専有部分の配管は管理組合の管理範囲ではないため、取替えや改修は区分所有者任せになっています。管理組合としては、取り替えるならHIVPやポリエチレン管を使用してほしいところですが、共用部分に直接影響することはないため、強制できません。かといって管理組合として一斉に更新するのは、全戸の調査や工事の日程調整、内装や住宅設備機器類への影響が大きく大変な仕事になります。

指定材料を使用した場合に限って助成金交付

そこで管理組合では、専有部分のリフォームに際して、給水管を取り替える場合に指定材料を使用

した場合に限って助成金を出すことにしました。築30年を超えるとリフォームを行う住戸が増えてきます。このマンションでもリフォーム届を義務づけていて、それと連動させて助成金の制度をつくったわけです。

管理組合が区分所有者に助成金を交付する、と聞くと何か大変なことのようなイメージがありますが、仕組みはいたってシンプルです。①助成工事対象範囲の特定、②配管材料の指定、③上限金額の設定、の3点が基本的な要件です。リフォーム工事全体のボリュームにかかわらず、指定範囲を指定材料で更新する工事部分に対して一定額以内の助成金が交付されます。

管理組合にとっては、一斉に工事を行う困難を回避し、居住者にとっても自分のリフォームにあわせて助成金によって配管を更新できる、という双方にとってメリットのある仕組みになっています。この仕組みはどこの管理組合でもできることではありませんが、たとえば安全性に関わる防火区画貫通部の仕様などの配管材料を指定することは可能であり、そのためにはリフォーム届を制度化しておくことが必要でしょう。

事例2　管理組合が専有部分の排水管を一斉に改修

調査によって劣化状況、配管材料・ルートを確認する

築35年を迎える都心のSマンションは210戸と比較的大規模で四つのブロック（東西南北）に

分かれていて、それぞれに間取りが異なり、雑排水管のルートや組合せも異なっていました。築30年を超えた頃から、台所や浴室、洗面、洗濯の雑排水管からの漏水が生じ始め、築34年目に給排水管の調査診断を実施しました。

北ブロックでは台所単独の共用竪管が排水用炭素鋼管（ＳＧＰ）で、玄関と台所の木製間仕切り壁の中を通っており、継手が半分埋まる形で床コンクリートを貫通していました。この継手部が腐食して漏水していました。なお、住戸内の横引管は防火区画を貫通していないので、硬質塩ビ管（ＶＰ）が使用されており問題はありませんでした。

その他のブロックの台所排水は、共用竪管はアルファコーティング鋼管（ＡＲＦＡ、内面に樹脂を焼き付けた鋼管）で当面は問題がないのですが、横引管はパイプスペースの防火区画の貫通があるため排水用炭素鋼管（ＳＧＰ）が使用され、内部の錆が進行していました。

専有部分内の共用竪管取替えは縦系列一斉に

住民説明会

すぐに漏水につながるほど腐食していたわけではありませんが、あと10年放置できるかというと不安があり、北ブロックの住戸内の共用竪管取替え工事だけではなく、不安をなくそうということで、他のブロックを含む全住戸のＳＧＰの横引管を耐火性硬質塩ビ管（ＦＳＶＰ）に取り替えることにしました（写真23）。

全戸の専有部分での工事は大変です。さらにこのマンションの1階は店舗になっているのでその営業との関係もあって、設計のための調査を行うだけでも容易ではありません。一通り設計を行った後に住民説明会を開催し、工事の具体的な内容と住民の皆さんにお願いする協力事項などを詳しくやさしく説明することが必要です。

テスト施工

説明会後に「今は空き家だが、もうすぐリフォームして越してくる、その工事を先にやってくれないか」という申し出が、不動産屋さんからも含めて数件ありました。まだ工事は発注していないのでどうしたものかと考えましたが、全体の工事とは別にテスト施工という位置づけで個別に実施しようということになりました。

1日目、流し台を外して、パイプスペースの配管貫通穴を、接続作業ができる程度に大きくする、2日目、新しい配管に切り替えて貫通穴を埋め戻す、3日目、流し台を戻して傷めた内装を復旧する、毎晩仮復旧して台所が使えるようにする、という工程を確認し、設計する立場としては実際に即した形で設計ができたのでかえってよい結果が生まれました。

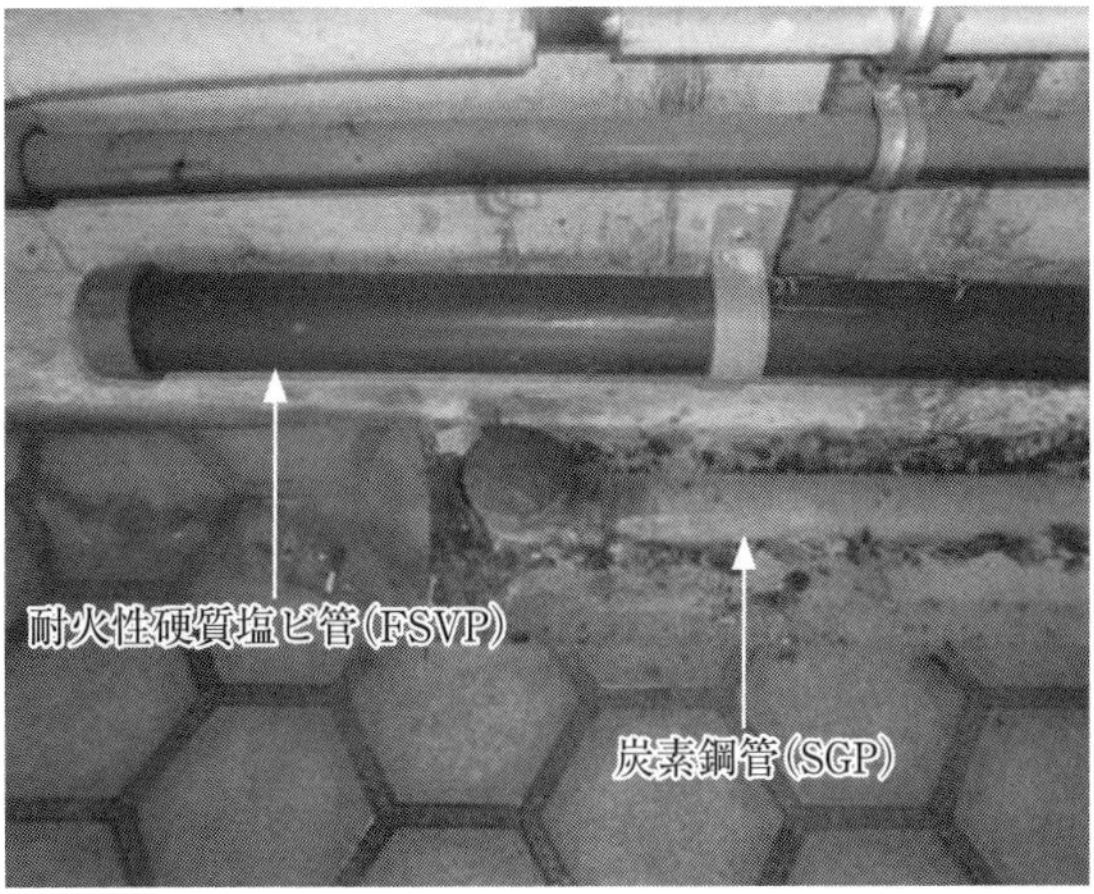

写真 23　台所の横引排水管の一斉取替え工事

住民への協力要請

工事の前に、再度工事説明会を開催してこの工程を説明し、住民のみなさんにとっては不便この上ない以下の協力を要請しました。

①3日間は昼間に在宅してもらわなければならない（事前調査を含めて4日間）。
②北ブロックは間仕切り壁内の竪管を取り替えるので、縦系列で一斉に在宅してもらう必要がある。
③東ブロックはパイプスペースの位置との関係で便器を取り外すので、昼間はトイレが使えない。トイレの問題は集会室のトイレを開放し、住民用の仮設トイレも設置しました。

会社が所有して社宅にしている住戸では「会社に聞かないとわからない、会社を休めない」というので、会社の総務の人に来てもらったり、若い女性の一人暮らしで「在宅工事には耐えられない」ということで田舎のお母さんに来てもらったりしました。自閉症の若い男性一人暮らしのお宅には、唯一話ができる東京のお兄さんに来てもらいました。

約10カ月の大工事の成果

1階の店舗は定休日などにあわせて個別に対応しなければならず、工程表がなかなか描けません。さいわい、北ブロック以外は住戸内の横引管（枝管）だけの工事なのでランダムに進めることができ、住民の都合で日程調整しながら工事を進めました。外廻りの埋設配管の改修も含めて、約10カ月の大工事になりました。

この工事によって、管理人さんは「水漏れの電話に戦々恐々としなくてよくなりほっとした」と胸をなでおろし、数戸所有している不動産屋さんも「安心して貸したり売ったりできる、少し価格が上がるかな?」と皮算用しています。

なんといっても管理組合としては、この大変な工事と引き換えに、漏水の悩みがなくなったこと、これからの、専有部分のリフォームの間違いがなくなること（FSVPは緑色なのですぐにわかる）による不安の解消と手間の軽減、そして錆びない配管に取り替えたので住民みんなが安心して住み続けられる材料を一つ手に入れたのです。

コラム　専有部分のリフォーム届出制度

管理組合は、専有部分のリフォームに対応するためには、まず届出制度を創設し、すでに制度がある場合はより実効性のある方法を決めておくことが大切です。また、リフォームをしようとする区分所有者は、管理規約がどうなっているか、管理組合が専有部分に対してどんな仕組みをもっているか、さらに前述のような工事の経歴あるいは予定がないか、を確認しましょう。

専有部分のリフォームにもこれからは管理組合が積極的に関与していく時代です。専有部分だから関係ないと無視していると、マンション全体としての住み続けるための価値が低下するかもしれません。共用部分に絡む範囲、とくに設備に関する分野に対しては積極的に関与し、安心して住み続けられるマンションづくりに取り組むことが望まれます。

最近は管理規約の細則で専有部分の改造についての規定、制限等を設定しているマンションが増えてきましたが、古いマンションでは規定がないこともよくあります。まず、細則を設定し、あわせて表2のようなマンションにあった届出様式をつくっておくと、共用部分に影響のある工事内容の有無が確認できるので、「いつの間にかコンクリートに穴をあけたらしい」などということは未然に防ぐことができます。

表2　専有部分改造工事届出書の例

専有部分（住戸内）改造工事　届出書

年　月　日

〇〇〇〇マンション 管理組合　御中

届出者　住 所　㊞
氏 名
電話番号

工事施工者 住 所
（設計者）　氏 名　㊞
電話番号

私儀、専有部分（住戸内）の改造工事を行いますので、下記の通り届け出ます。

工事に際しては、区分所有法および当管理組合規約、その他注意事項を遵守し、近隣に迷惑を掛けないよう、充分注意して施工に当たります。

工事場所	〇〇〇〇マンション　階　号室（氏名）　※届出者と異なる場合			
工事期間				
工事種別	該当項目、番号に〇印、該当仕様に☑を付け、その他、適宜該当する数字を記入			確認欄
	1	内装替え	□フローリング貼りの場合の遮音等級（LL-　）	
	2	間仕切変更	□造り付け家具（有・無）	
	3	キッチン入替	□位置変更（有・無）	
			□ガスコンロ・□ IHヒーター	
			□食器洗乾燥機（有・無）	
	4	ユニットバス入替	□位置変更（有・無）	
			□浴室換気乾燥機（有・無　※有の場合－ガス・電気）	
	5	洗面台入替	□位置変更（有・無）	
	6	AC増設	※位置を図示	
	7	ガス給湯器取替	□能力　号	
	8	床暖房設備	□有・無　有の場合（ガス・電気）	
	9	電気容量の増量	□合計容量ー　KVA	
添付図面	①	工事種別 1．のみの場合	仕上表、工事範囲図	
	②	工事種別 1．2．の場合	仕上表、現況平面図、改造平面図	
	③	工事種別 3～8を含む場合	仕上表、現況平面図、改造平面図 給排水ガス設備平面図 空調換気設備平面図、電気設備平面図	
その他特記事項（上記以外の工事等、その他特記事項があれば記入）				

■工事に当たっての注意事項

1．工事中は毎日、開始時と終業時に管理事務所に連絡すること。
2．工事用車両の駐車位置は管理事務所の指示に従うこと。
3．工事資材の搬出入の経路（玄関ホール、エレベーター、廊下等）は適宜養生を行うこと。
4．バルコニーに資材を仮置きする場合は防水材に損傷を与えないように充分な養生を行うこと。
5．工事時間は朝〇〇〇〇時～夕方〇〇〇〇時とし、夜間工事は行わないこと。
6．区分所有法、管理規約および共用部の用法等に抵触する場合に、管理者より改善または中止の指示があったときは速やかにこれに従うこと。
7．その他、諸事項について、管理者または管理事務所の指示に従うこと。

受付欄	管理者（理事会）		管理事務所			

届出書式（改造工事）

5 マンションの耐震化

Q

耐震診断や耐震改修をどうする？

管理組合の総会で耐震診断の実施を提起したときに、「耐震診断を行ってもどうせ結果は不適合だから、重要事項説明書に『耐震不足』と書かれるよりやらないほうがマシだ。しかも、耐震改修となると莫大な費用がかかる。これから給排水管の改修などでお金のかかることがいっぱいある。そちらを優先すべきだ」「そんな中途半端はやめて建替えを検討すべきだ」などという意見が出て、すんなりとは承認されません。どう説得したらよいでしょうか。

A

住み続けるために、長期的立場に立って行おう

耐震性不足は建替え動機の一つに利用されてきましたが、最近はマンション供給戸数が減少傾向にあり、つくっても売れない時代にな

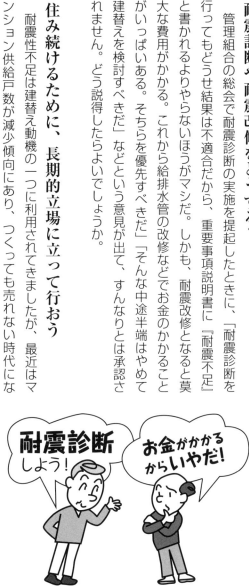

り、今後は安易な建替え計画は耐震改修よりも非現実的なものになるでしょう。

長期的に弱点を克服して快適と安全・安心を自分たちの手で実現していく、という意識で取り組むことが大切です。耐震改修工事の費用は、たしかに現行基準にあわせるための改修となれば億単位になることもあるでしょう。しかし、現行基準に達しなくても、部分改修（補強）を計画して相対的な弱点を減らすということも考えられます。

1　耐震化への大きな壁　資金・合意・技術

（1）大地震と耐震基準の変遷

地震国である日本の建築は、耐震性能――倒壊、崩壊に至らず生命を守る――が一番基本的な性能です。日本は20世紀以降だけでも関東大震災から東日本大震災、平成28年熊本地震と、何度も大地震に見舞われています（表3）。

1970（昭和45）年の十勝沖地震では、鉄筋コンクリート造の学校建築物の柱のせん断破壊による被害が大きく（写真24）、これを受けて、鉄筋コンクリート造の柱のフープ筋（帯状の鉄筋）の間隔を狭くして靱性（粘り強さ）を確保するという基準の改定がありました。

そして1981（昭和56）年には一般に「新耐震設計法」と呼ばれている、大幅な耐震基準の改定が行われました。それまでの耐震基準は中地震（まれに発生する震度5強程度の地震）に対して損傷しないようにする設計基準でしたが、「新耐震」は大地震（きわめてまれに発生する震度6強〜7程度の地震）に対して、ひび割れや欠損が生じても、倒壊、崩壊に至らず、人命が保護されるという視点での大幅な改正でした。

その後、1995（平成7）年の阪神淡路大震災以降も、少しずつ基準が強化されてきましたが、2000年以降は毎年のように震度6前後の地震が発生し、そして2011（平成23）年には東日本大震災、2016（平成28）年には熊本地震と巨大で激しい地震が起こっています。今後も、南海トラフの巨大地震の可能性が高まっており、1981（昭和56）年以前の建物を放置することによる甚大な被害が予測され、建物の耐震化は喫緊の課題となっています。

（2）経済的負担が大きい耐震化

進まない耐震診断・耐震改修

2006（平成18）年には「建築物の耐震改修の促進に関する法律」（耐震改修促進法）が改定され、「住宅および特定建築物（学校、病院、百貨店、事務所など）の当時の耐震化率75％を2015（平成27）年までに少なくとも9割とすべき」とされました。2008年時点での住宅の耐震化達成率は79％でした。2011年には「2020（平成32）年までに95％」というふうに目標設定が変更されています。2013年度の達成率は82％でしたから、当初の「2015年までに少なくとも9割」というのが困難になったことがその要因であると思われます。

これらはマンションだけではなく、木造の戸建て住宅も含まれた数字で、また「耐震化」の概念に

備　　考
市街地建築物法改正：水平震度 K=0.1
建築基準法制定：水平震度 K=0.2 建築基準法改正：高度制限（上限 31m）撤廃［1964（昭和 39）年］
砂質地盤液状化による建物被害 霞が関ビル（36 階建て日本初の超高層ビル）
RC 造学校建築物の柱のせん断型破壊甚大 コンクリートの許容応力度を改訂し、柱・梁の靱性＝粘り強さ確保とせん断設計法を強化 建築基準法施行令の改正［1972（昭和 47）年］：靱性確保のため鉄筋コンクリート造柱のせん断補強筋＝帯筋の間隔を狭くする （財）日本特殊建築安全センター（（財）日本建築防災協会の前身）「既存鉄筋コンクリート造建物の耐震診断基準」発表［1978（昭和 53）年］
建築基準法施行令改正（新耐震設計法）：動的設計法の導入、安全を 2 段階で考える新しい設計法の導入［1981（昭和 56）年］
（財）日本建築防災協会「既存鉄筋コンクリート造建築物の耐震診断基準・同解説の改訂版」［1995（平成 7）年］
建築物の耐震改修の促進に関する法律［2000（平成 12）年］
建築基準法の改正：建築基準が仕様規定から性能規定へ［2001（平成 13）年］
スロッシング現象による石油タンク火災
（財）日本建築防災協会「既存鉄筋コンクリート造建築物の耐震診断基準・同解説の改訂版」［2004（平成 16）年］
日本の地震観測史上最大

写真 24　十勝沖地震（1970 年）による柱のせん断破壊

表３　20 世紀以降の主な地震

西暦（和暦）	地震	強度
1923（大正 12）年	関東地震（関東大震災）	M7.9 最大震度 6
1927（昭和 2）年	北丹後地震	M7.3 最大震度 6
1933（昭和 8）年	昭和三陸地震（三陸沖地震）	M8.1 最大震度 5
1943（昭和 18）年	鳥取地震	M7.2 最大震度 6
1944（昭和 19）年	東南海地震	M7.9 最大震度 6
1945（昭和 20）年	三河地震	M6.8 最大震度 5
1946（昭和 21）年	南海地震（昭和南海地震）	M8.0 最大震度 5
1950（昭和 25）年	福井地震	M7.1 最大震度 7 相当
1968（昭和 43）年	新潟地震	M7.5 最大震度 6
1970（昭和 45）年	十勝沖地震	M7.9 震度 6
1981（昭和 56）年	宮城県沖地震	M7.4 最大震度 6
1990（平成 2）年	日本海中部地震	M7.7 最大震度 6
1995（平成 7）年	兵庫県南部地震（阪神淡路大震災）	M7.3 最大震度 7
2000（平成 12）年	鳥取県西部地震	M7.3 最大震度 6 強
2001（平成 13）年	芸予地震	M6.7 最大震度 6 弱
2003（平成 15）年	十勝沖地震	M8.0 最大震度 6 弱
2004（平成 16）年	新潟県中越地震（新潟県中越大震災）	M6.8 最大震度 7
2005（平成 17）年	福岡県西方沖地震	M7.0 最大震度 6 弱
2007（平成 19）年	能登半島地震	M6.9 最大震度 6 強
2007（平成 19）年	新潟県中越沖地震	M6.8 最大震度 6 強
2008（平成 20）年	岩手・宮城内陸地震	M7.2 最大震度 6 強
2011（平成 23）年	東北地方太平洋沖地震（東日本大震災）	M9.0 最大震度 7
2016（平成 28）年	平成 28 年熊本地震	M7.3 最大震度 7

は新築や建替えも含まれるので、耐震化率は時間とともに少しずつ確実に増えてはいきます。しかし、人口減少で新築が減少していくなかでその上昇率を上げていくためには、すなわち２０２０年までに耐震化率を95%にするには、既存建物の耐震化を大幅に進めなければ達成されません。

国土交通省の２０１３（平成25）年度マンション総合調査の結果によると、旧耐震（新耐震以前）のマンションのうち耐震診断を実施したのは約１／３、そのうち耐震性が低いと判断されたものが約1／3、さらにそのうち耐震改修を実施したものが約1／3でした。約2／3のマンションが耐震診断を実施していないので正確にいえませんが、とにかく耐震化の進捗が思わしくないことは、この調査結果にも現れています。

進まない原因は経済的負担

国や自治体が耐震診断や耐震改修を進めるために、補助金を含めて、様々な対策を講じています。既存建築物の耐震化が進まないのは経済的な負担が大きいからです。公共建築物の場合は計画的に予算を配分して進めていくことができますが、民間建築物では簡単に進まないことは容易に想像できます。とくに、マンションでは耐震診断だけで百万単位の費用が必要で、現行基準にあわせるための改修となれば何千万あるいは億単位になることもあります。

耐震診断、耐震改修工事のそれぞれに補助はありますが、とくに耐震改修工事の場合はほとんどが現行基準にあわせることが条件になっていて、工事の規模が大きい割には補助率は低く実現は困難です。

なお、阪神・淡路大震災の経験から、災害時の応急活動を迅速かつ的確に実施するための広域緊急交通路が沿道建築物の倒壊により閉塞することがないよう、これらの建築物の耐震化を進めることはきわめて緊急性の高い課題であるとの認識から、「広域緊急交通路沿道建築物」については、耐震診断費用を国と自治体で１００％の補助を行う制度が創設されています。

（3）総会決議要件の緩和——3／4から過半数に

耐震化促進方策の一つとして、不動産売買の重要事項説明のなかで「耐震診断を実施したか否か」を説明することが義務づけられ、診断結果についても開示されます。耐震診断を行っているほうが売買の条件がよいように思いますが、新耐震基準（1981）以前の建物は現行基準に達していないことも多く、必ずしも有利にはたらくとは限りません。耐震診断を行ってもよい結果が得られない可能性が高いのであれば、やらないほうがマシだという意識から、診断の合意すらなかなか得られません。

耐震改修は「共用部分の変更」に該当するため、区分所有法では3／4以上の特別決議による承認が必要であり、この「合意形成」はマンションの耐震改修促進のために乗り越えなければならない壁の一つでした。この合意形成を進めるための方策として、国は2013（平成25）年に耐震改修促進法を改定し、耐震改修のための共用部分の変更に限って管理組合総会の決議要件を3／4以上から過半数とする区分所有法の特例を設けました。また、合意形成支援のためのコンサルタント費用の補助を行っている自治体もあります。

（4）簡単ではない耐震補強

もう一つの壁は、改修方法（補強方法）です。ラーメン構造（柱と梁で支える構造、↓147ページ図17）の耐震補強は、①筋交いを付加する、②耐震壁を付加する、③柱を太くする、④柱や梁を外から付け足すなど、フレームを強化する方法が一般的で、これらは学校や庁舎、事務所建築などで数多く実施されています。
　1970年代から1980年代に建てられた中高層マンションでは、住戸が横一列に並び、片持ち床版の廊下とバルコニーが付いているタイプが数多くあります。このタイプは、住戸間界壁が耐震壁になっていて梁間《はりま》方向は大丈夫ですが、桁行《かたゆき》方向は開口部が多いので耐震性が不足します。また、廊下の腰壁が柱に悪さをする（短柱、図15）、という問題もあります。これを補強しようとしても、バルコニーの掃き出しサッシの開口に筋交いを付加するわけにもいかず、柱梁を外から付け足すことも可能ですが片持ち床版の廊下とバルコニーが邪魔して大変な工事になります。

地震による変形のメカニズム

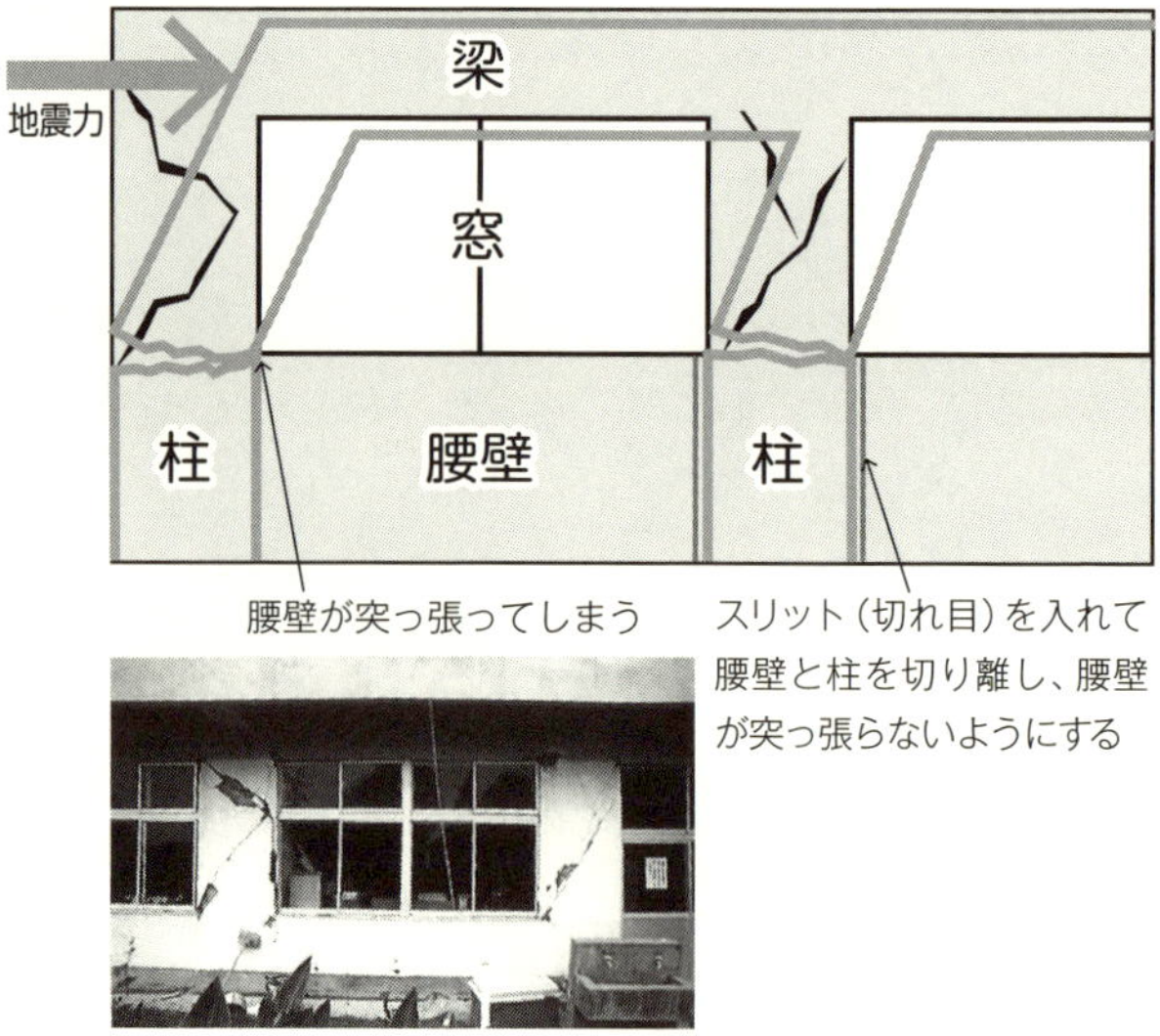

図15　腰壁が柱に悪さをする

　ピロティのフレームを強化する方法は可能性がありますが、駐車場になっていると寸法的に難しい場合もあります。廊下の腰壁は耐震スリットの設置という方法（図15）がありますが、これも「太い目地」では意味がなく、完全なスリットにするためには住戸内にも影響します。

生活の場としての機能が損なわれないか、あるいは生活しながら工事ができるのかという大きな問題があり、仮に経済的に可能であっても、合意形成は容易ではありません。このように、マンションの耐震化には「お金」「合意」「技術」のどの側面を取ってみても容易ではありません。

（5）長期修繕計画に組み込む

耐震化への壁を乗り越えるめには、まず耐震診断、耐震改修を長期修繕計画のなかに盛り込むことです。外壁などの塗装替えや防水改修、給排水管の改修などを盛り込む通常の長期修繕計画は、国のガイドラインも公表され広く浸透してきていますが、耐震化を計画に入れるという視点を加えることで計画に積極性が付与されます。

部分改修を見込む

耐震改修工事の費用は診断してみないとわかりませんが、たとえば柱だけのピロティがあって弱点が明らかな場合などは、現行基準に達しないまでも、大きなマイナスポイントを減らすという観点で部分改修を見込む、ということも考えられます。柱の鉄板巻きやカーボン巻き（↓151ページ写真26）の補強は比較的容易で、大規模修繕にあわせて行った事例もあり、地震の規模によっては「やってよかった」という幸運が期待できる確率が上がります。

安易な建替え計画は耐震改修よりも非現実的

耐震性不足は建替えの動機に利用されてきた感がありますが、２０１０年、２０１１年のマンション供給戸数は年間10万戸を下回って三十数年ぶりの低水準となり、もはやつくっても売れない時代になってきたといえます。今後は「住戸数を増やして等価交換」という従来型の建替え事業計画は成り立たなくなるので、安易な建替え計画は耐震改修よりも非現実的なものになるでしょう。

子や孫が継承するマンションづくりへ

新耐震基準以前の建物というと、35年以上前の建築になります。築30~60年までの長期修繕計画となると、住んでいる人にとっては「自分の目の黒いうちの話ではない」と考えがちです。しかし、人間よりも建物の寿命のほうが長いのは当然で、それをいかにして上手に使うか、住み続けられる住宅にしていくかを考えて、「自分の目の黒いうち」ではなく、子や孫が継承するマンションづくり、あるいは若い人が住みたくなるマンションづくりに取り組む、というように思考を転換することが求められていると思います。そうしなければ空室だらけの負の遺産を子孫に残してしまうことになりかねません。

2　できることから始めよう

（1）耐震診断の進め方

「既存不適格」建物

前に述べたとおり、これまで大規模な地震が発生し、建物の深刻な被害が出るたびに構造基準が見直されてきましたが、それは以降に建てる建物に適用されるのであって、既存の建物には適用されず「既存不適格」という烙印を押されて放置されてきました。

「既存不適格」はその建物が建った以降に改定あるいは制定された法律や基準に適合していない状態を指します。たとえば、都市計画が変わって容積率が低下した地域に、変わる以前から建っている建物は現行の容積率を超過した「既存不適格」になります。これを現行容積率にあわせようとすると床面積を削らなくてはなりません。法律が変わったからといって国民の財産を削ることはできないので、「既存不適格」として放置せざるを得ません。

既存建築物の耐震診断は命の問題

しかし、国民の生命がかかった建物の安全性については「既存不適格」では済まされないとして、1977（昭和52）年に建設省（当時）は「耐震診断基準並びに改修設計指針策定委員会」を設置し、委員長に耐震工学の草分けである東京大学の梅村魁教授が就任しました。

同教授は「建物には『強さ』ばかりでなく、変形性能すなわち『粘り』が必要である」と、「粘り」という言葉を初めて用いたことで構造の世界では画期をなした先生です。この委員会で先生は「過去の地震被害の教訓は、学問の進歩と相俟って、耐震設計法の進歩には生かされてきたが、それらの経験が生かされる以前に建設された既存の建物の耐震安全性に関する検討は未だ十分とはいえぬ現状にある」と、既存建築物の耐震診断の必要性を強調され、耐震診断手法がまとめられていきました。

耐震診断の方法

耐震診断の方法は、設計図書や現地調査をもとに構造モデルを構築し、それに大地震時に想定される水平力を作用させることにより終局時の応力解析（力の流れと抵抗力の計算）を行います。それらの数値結果から終局時の壊れ方やそこに至るまでの変形性状などを追跡することで、その建築物がどの程度の強度や変形性能を保持しているかを推定し、これらの構造解析結果と経年に伴う建物の劣化の程度を総合して数値化し耐震性能を判定します。

耐震診断は日本建築防災協会の耐震診断指針を基本に行います。建物の形状や構造形式などの違いに応じていくつかの方法、診断レベルが用意されています。たとえば、鉄筋コンクリート5階建て壁式構造で一定の条件（平面形状や敷地条件等）を満たせば、壁の長さを根拠とする簡易診断を採用できるなどです。

また、診断レベルは第1次診断から第3次診断まであり、高次になるほど算定法が詳細になり診断精度も高くなるとされています。

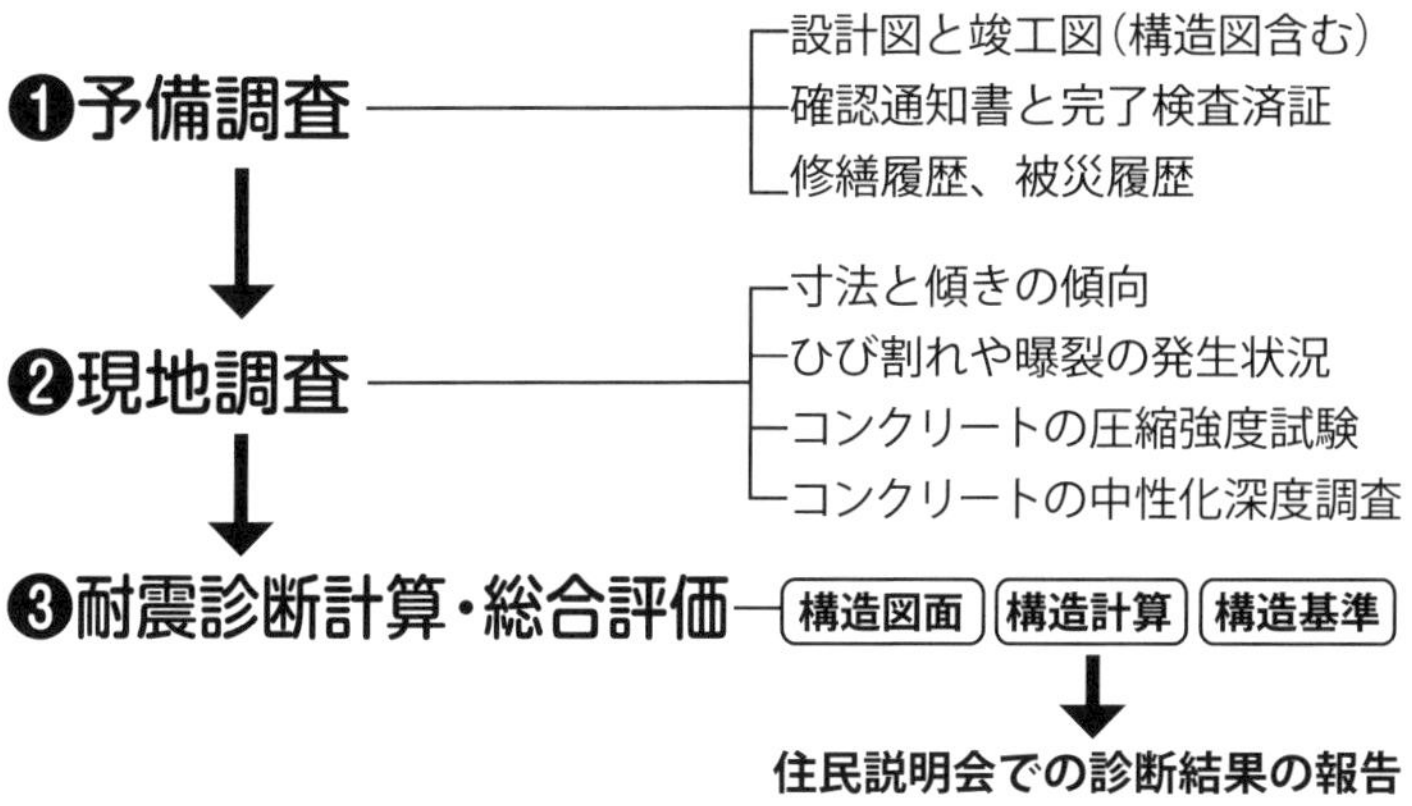

図16　耐震診断の基本的な流れ

（2）耐震診断の実際

耐震診断の基本的な流れは、①予備調査、②現地調査、③耐震診断計算・総合評価、の手順で進めます（図16）。

①予備調査

予備調査は、設計図書類の有無（設計図、竣工図、確認通知書、検査済証など）、対象建築物の建築概要（建築年、面積、階数、高さ等の規模）や修繕履歴、被災履歴などの資料の調査と、現地の下見を行い、実際に耐震診断を行うにあたって、その条件が整っているか、どの程度の調査や計算が必要かを想定する作業です。

設計図と竣工図　まず、最初に重要なのは設計図書類の有無です。耐震診断は「図面通りに建物が建っている」ことを前提に行うので、図面がなければできないわけではないですが、非常に困難です。「竣工図」と「設計図」は同じとは限りません。工事中に設計変更が行われていた場合、設計図を修正して竣工図をつくるので、竣工図のほうが実際の建物とあっているはずですが、竣工図がなければ設計図をベースに診断を行います。

竣工図も設計図もない場合は、建物の寸法を詳細に測定し、コンクリートをあちらこちら削って配筋（どんな太さの鉄筋が何本どのような並びで入っているか）を調べなければならず、既存のマンションではほぼ不可能といえるでしょう。

なお、図面があってもそのなかに「構造図」が含まれていなければ、図面がないのと同じといえますので、図面の内容の確認も必要です。

建築確認通知書と完了検査済証　建築確認通知書（申請書の副本、現在は建築確認済証）と完了検査済証も重要です。これによって、設計された時期を確認することができ、そしてこの建物は確かに建築確認申請どおり（設計図どおり）に建っていることを行政が検査したという証が検査済証です。自治体の、耐震診断の補助金を受ける場合にもこれらの書類が必要ですが、どうしてもない場合は役所に記録が残っていれば証明書を発行してくれますので相談してみましょう。

なお、構造計算書は必ず必要ということはありませんが、特殊な形状の場合や骨組みの構成（架構）が変則的である場合などは、どのような考え方で構造設計をしたのかを確認するために必要になることもあります。

被災履歴　建物の履歴については、地震を経験している場合は、柱や梁、耐震壁の損傷程度とその損傷に対する補修が、耐力を回復できる方法であったかどうか、火災にあっている場合はコンクリートが剥落するほどの被害であったかどうかなどを確認します。

②現地調査

ここでは、構造図がある前提での現地調査の内容とします。

寸法と傾きの傾向　まず、建物の基本的な寸法——柱の間隔と階高——を確認します。この寸法は構造計算に大きく影響するので、図面どおりに建っている前提とはいえ、この基本の寸法は確認しておく必要があります。メジャーで測るのは大変なので、レーザー距離計があると便利です。

そして、建物が不同沈下していないかをレベル（水平）測量します。長い廊下や屋上パラペット（屋上の外周、外壁の上端部）などで測量しますが、正確なレベル測量というより、どちらかに傾いている傾向がないかを把握します。

ひび割れや曝裂の発生状況　次に、構造体の劣化状況——ひび割れや曝裂（鉄筋が錆びてコンクリートを押し出す現象）の発生状況——を目視で確認します。ひび割れについては、とくに構造耐力上の問題が原因のひび割れ——過荷重や変形（不同沈下）——の傾向がないかがポイントです。エキスパンションジョイント（↓152ページコラム）がある場合は、その空き寸法も確認します。古い建物は変形量に対して空き寸法が不足している場合が多く、耐震計算時の減点要因になります。

コンクリートの圧縮強度試験　現地調査のなかでもっとも重要でかつ大がかりなのが、コンクリートの圧縮強度試験です。耐震診断の基準では、各階3カ所でコンクリートコア（円柱）を採取して圧縮強度試験を行うこととなっています。11階建ての建物であれば33カ所プラス搭屋3カ所の計36カ所でコンクリートを採取します。

コンクリート強度は耐震診断の基礎となるもので、それが設計強度を満たしているか否かによって結果が大きく変わります。なお、コンクリートの圧縮強度が平均値で13・5N/mm^2以下となった場合は構造計算が成り立たなくなるため、調査を中止することがあります。

コンクリートの中性化深度調査　圧縮強度試験と同時にコンクリートの中性化深度調査（↓24ペー

ジ）も行います。中性化の進行が経年に比して著しく早い場合などは、評価に際して減点要因になります。

なお、コンクリートコア採取に際しては騒音、振動が発生しますし、何より壁に穴をあけるので、居住者が驚かないように事前に十分な広報が必要です。

③耐震診断計算・総合評価

構造図面と現地調査により構造計算を行い、現在の構造基準と比べてどの部位にどの程度の不足があるかを判定します。建物全体の総合評価としては、倒壊・崩壊の危険性が「低い」「ある」「高い」という、一見大雑把に見える表現になります。

詳しくいえば、Is値0・6という指標に対してどの程度満足しているかによって、次の3段階で総合評価されます。

A：Is値が0・6以上—大地震に対して倒壊し、または崩壊する危険性が低い

B：Is値が0・3～0・6—大地震に対して倒壊し、または崩壊する危険性がある

C：Is値が0・3以下—大地震に対して倒壊し、または崩壊する危険性が高い

実際には各階各スパン（柱と柱の間隔）で細かく計算結果が出されており、これをもとに耐震改修の計画・設計をします。個別の評価としてX（桁行）方向とY（梁間）方向の評価、階ごとの評価に加えて、特徴的な形状、たとえば1階がピロティの場合、「地震時にピロティの柱が高軸力（上から押しつぶす力）を受け、かつ変形が1階に集中するので、この柱にぜい性破壊（写真25）が生じる可能性が高い」というようなコメントが付加されます。

住民説明会での診断結果の報告

耐震診断の結果が出たら住民説明会を開催します。総会で耐震診断の実施を決議して行政の補助金を受け、いろいろな調査をしてコンクリートまで抜き取っているので、「ウチのマンションは大丈夫だろうか」という住民の関心は比較的高く、説明会への参加者も普段の総会より多い場合もあります。

説明といっても、細かな数値や記号、専門用語を並べ立てても意味がわかりません。

たとえば、私はいつも説明会の序盤は「鉄筋コンクリートとは鉄筋とコンクリートがそれぞれの特性を生かして役割分担している構造です。マンションの構造はこうなっています」と鉄筋コンクリートの仕組み、ラーメン構造や壁式構造（図17）の話をします。そして「地震は地面が揺れるのですが、建物からすれば横から押されているのと同じことです。建物の四角い枠（柱と梁）が横から押されると平行四辺形になろうとします」（図18）という変形のメカニズムを説明します。

それから診断結果のIs値を階ごとに色分け

写真25　ピロティ柱のぜい性破壊の例　ピロティの柱が、地震時に上から押しつぶす力を受け、かつ壁がないため変形の力を集中して受けて破壊した。

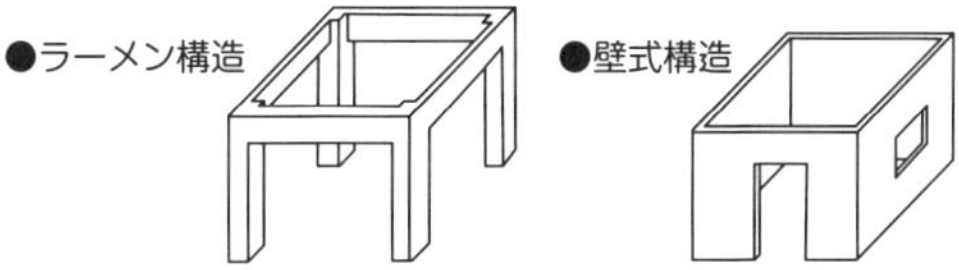

図17　マンションの構造

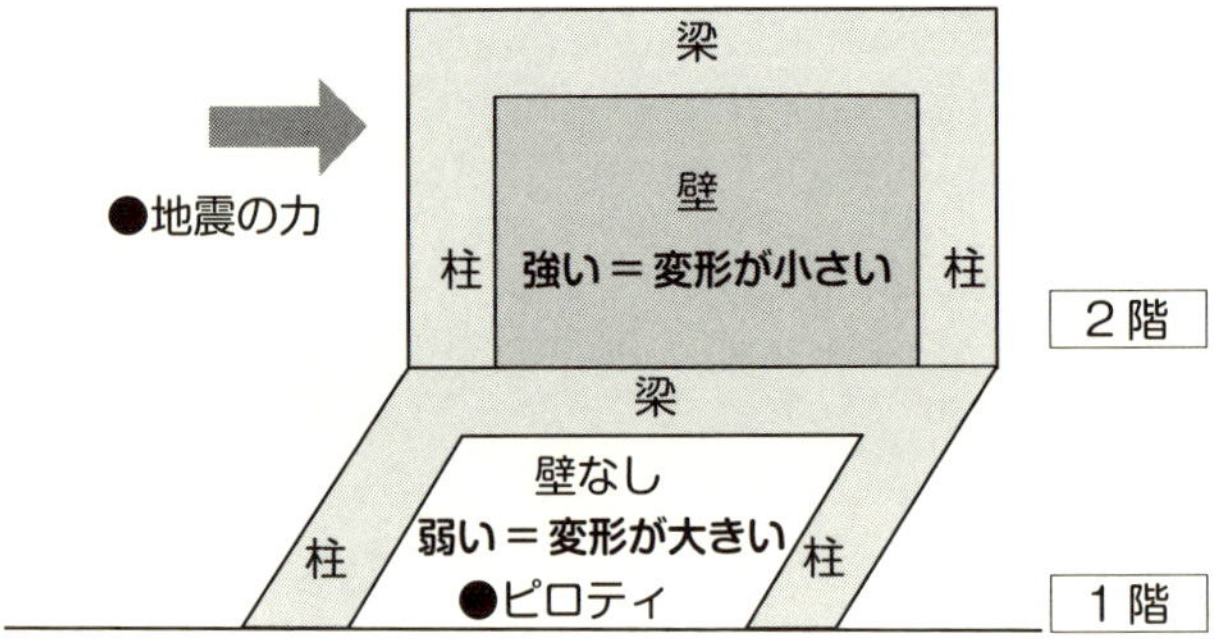

図18　地震の力とフレームの変形

して図示し、「白は倒壊、崩壊の危険性が低い、黄色はある、赤は高い」というふうに視覚的にどのあたりが弱いかを表現します。

ここまでは、みんななんとなく頷きながら納得したような顔で聞いてくれるのですが、「それでウチのマンションはどうしたらいいのですか」「補強工事ってどれくらいお金がかかるのですか」という質問が出ます。フレーム補強のイメージ図や事例写真を示し、「バルコニーの外から柱と梁を付加して現在の柱とつなぎます。工事中はバルコニーがほとんど使えません。だいたい〇億〇千万円くらいかかります」と言うとザワザワっとなり、理事長が「耐震改修については、これから時間をかけて検討していきます」といって説明会は終わります。

マンションの耐震改修はなかなか進んでいません。5階建て以下の壁式構造のマンションは、耐震診断を行った結果、Is値0・6以上で「倒壊・崩壊の危険性が低い」という判定になることもよくあり、このことは阪神大震災でも実証されています。耐震診断を行って、旧耐震だけど倒壊・崩壊の危険性は低い、という結果が出れば、一定の安心感を得られます。この確認作業という意味でも、まずは耐震診断を進めていく必要があります。

（3）耐震改修工事の進め方

地震による変形のメカニズムと補強方法

鉄筋コンクリートとは、鉄筋とコンクリートがそれぞれの特性を生かして役割分担している構造です。マンションの構造にはラーメン構造と壁式構造があります。

前に述べたとおり、建物の四角い枠（柱と梁）が平行四辺形になろうとするのを防ぐのが耐震補強です。そのためには、①枠（柱梁）を強くする、②枠の中を筋交いで突っ張る、あるいは枠に板（耐震壁）をはめる、という方法があります。

容易でない桁行《けたゆき》方向の補強

片廊下型の中高層マンションの場合は、住戸界壁（隣どうしの壁）は耐震壁になっていることが多く、この方向（梁間方向）の変形は少ない場合が多いのですが、逆の方向（桁行方向）、すなわちバルコニーや廊下に平行の方向は窓や出入口になっているので、壁の量が少なく変形量が大きくなります。多くの場合、Is値0・6に満たない結果になります。桁行方向の補強については、片持ち床版の廊下やバルコニーがあり、かつ窓や出入口があるため、補強は容易ではなく、さらに、人々が生活しているなかで工事をしなければならないこともあって困難を極めます。

バランスの改善

しかし、困難だからといって放置するわけにはいきません。１００％の補強は前記のように困難ですが、１００％でなくてもバランスを改善することで倒壊・崩壊を免れる可能性が高まります。全体

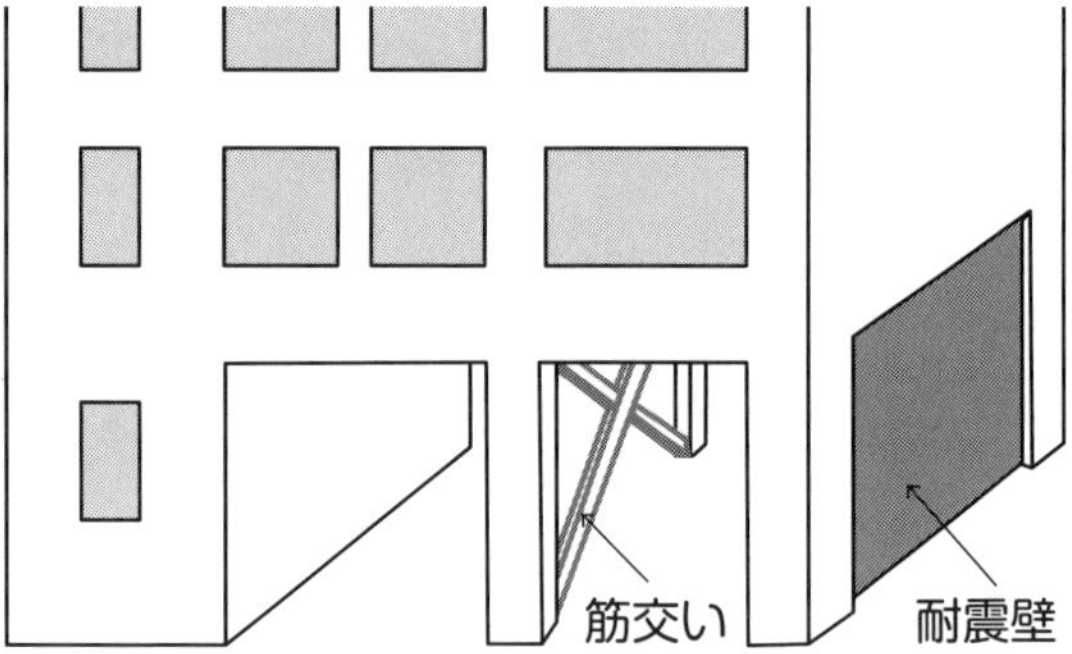

図19　ピロティの部分補強とバランス（偏心）の改善

のなかで一番弱い部分を補強する、たとえば平面的な中心（重心）と強さの中心（剛心）のズレすなわち偏心を小さくするような補強や、ピロティになっている1階を補強するなどの部分補強（図19）を検討することも重要です。

阪神大震災では1階がピロティのマンションが倒壊した事例が多くありました。耐震診断の結果は個別に違いますが、経験上、梁間方向は概ねIs値0・6以上確保され、桁行方向の耐震性不足はIs値0・3〜0・6の範囲に収まるという結果になる例が多いようです。しかし、1階がピロティの場合は、1階の桁行方向は開口が多い上階と大きく変わらないものの、梁間方向がIs値0・1台になってしまうことがあります。上階は耐震壁があって変形せずに力を下に伝えるのですから、力を受けるべき1階に壁がなければ柱にかかる負担が大きくなるのは当然です（図18）。このような場合は、1階のピロティの梁間方向を補強することで、上階との差を小さくすることができます（写真26）。

部分補強は100%補強への第一歩

100%の補強は経済的にも合意形成という点でもなかなか実現しませんが、致命的な部分をなくすという考え方で「よりましな」方向を考えることも耐震化の第一歩だと思います。そして、この部分補強はその場かぎりの補強ではなく、段階的に100%の補強につなげていくための第1段階、すなわち「第1次耐震改修」と位置づけて取り組むことで一時的な費用負担が緩和され、合意形成の可能性は高まるのではないでしょうか。

写真26　ピロティの部分補強の例　上：耐震壁の新設補強――補強壁の鉄筋が組み立てられた状況。下：柱のカーボン巻き補強――炭素繊維を巻き付けてエポキシ樹脂で塗り固める。

コラム　エキスパンションジョイントの役割

地震でマンションが真っ二つに割れた？

「ご覧ください！　あちらのマンションは真っ二つに割れています！」

渡り廊下の接続部分が損傷したマンションを指してテレビのレポーターが絶叫します。テレビというのは、見ている人が驚きそうな、なるべく衝撃的な映像を流そうとします。これまでの地震でもそうでしたが、冒頭のように、すごいものを見つけたとばかりに専門家の意見を聞く前に、とりあえず絶叫するのは困ったことです。さらに映像と絶叫の印象だけで誤った認識が瞬く間にインターネットを通じて広がり「裂けたマンション」のレッテルが貼られてしまうのです。2016年4月の熊本地震では、比較的早い段階で専門家がインターネット上で誤った認識を指摘したので「大炎上」には至らなかったようですが、テレビやインターネットで見た方も多いと思われるので、改めてここで取り上げておきます。

件のマンションはエキスパンションジョイントという、二つの建物の接続部分が壊れたもので、建物が割れたわけではありません。建物の形は整形なもののほうが地震に対して強いといえます。すなわち、縦（奥行）、横（幅）、高さが同じサイコロのような立方体が単純で安定的ですが、多くの建物は不整形な直方体です。L字型やコの字型だったり、あるいは高さが階段状に変化していたり平面的に凹凸があったりします。不整形な建物は、地震時の力の流れや方向、変形量の違いを想定して一体の構造にせず、複数の建物に分けてなるべく素直な直方体を一単位にすることで、地震力による損傷を減らし、倒壊、崩壊を防ぐように考えられています。

エキスパンションジョイントは地震による破壊を防ぐ装置

たとえば、L字型の片廊下型マンションを例に考えてみましょう。マンションの場合、廊下やバルコニーに面する方向（桁行方向）は窓や出入口などの開口部が多く、結果として壁が少ないので、地震による変形（揺れ）が大きくなります。それに対して廊下やバルコニーに直行する方向（梁間方向）は、窓のない住戸の界壁が並んでおり、地震時の変形量は小さくなります。L字型マンションの東西方向に長い部分をAとし、南北方向に長い部分をBとしたときに、地震が東西方向に揺れた場合、Aは揺れが大きくBは小さくなるので、AとBの接点であるL字型の折れ曲がり部分に変形量の差による力が集中して破壊されます。

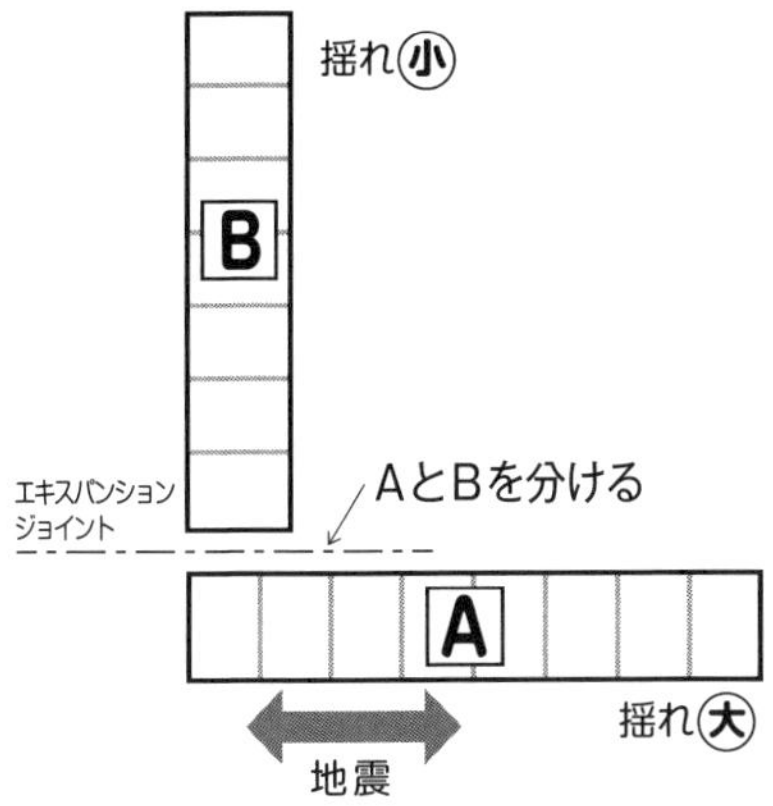

これを防ぐためにAとBの建物を一体化せずに二つに分け、隙間をあけてつなぐのがエキスパンションジョイントです（写真27）。隙間をあけるのは変形量の差を吸収するためで、建物どうしが衝突しないように隙間の寸法を定め、その隙間を金属板などでふさぎます。この方法はL字型やコの字型に限らず、直線でも非常に長い建物や階数が違う場合（10階建てと5階建てなど）、地盤に段差がある場合、二つの建物をつなぐ渡り廊下などにも採用されます。なお、古いマンションはこの隙間が小さいことが多く、地震時に建物どうしが衝突して損傷を受ける場合があります。

ニュースになった熊本のマンションは、この金属板のカバーが破壊され、あるいは外れて落下して隙間があらわになったため「二つに割れた」などと表現されたのですが、写真の様子では隙間の寸法以上の揺れ（変形）が生じて手摺壁どうしが衝突した形跡があり、手摺壁のコンクリートが損傷しているように見えます。「割れた」ことよりもその両側のコンクリート剥落の危険性を指摘しなければならないでしょう。

写真 27　エキスパンションジョイントの例（点線で囲まれた部分がエキスパンションジョイント）　上と中：同じ建物の視点違い。下：敷地に段差があって建物の高さが変わる部分をエキスパンションジョイントにしている。

6 修繕積立金はどうやって決める？

Q

長期修繕計画とは？

大規模修繕工事が終わり、修繕積立金の残高が少なくなり、長期修繕計画をつくる必要があると言われました。何のために必要でしょうか。

A

30年先を見越した長期修繕計画をもつことが必要

建物を適切に維持管理し、快適に支障なく使い続けていくためには、日常的な点検や修理、定期的な部品交換だけでなく、中小規模・大規模な修繕を計画的に実施していく必要があります。そのために必要なのが修繕積立金で、区分所有者全員で応分の負担をしてまかなっていきます。

長期修繕計画は、30年程度の間に必要な工事を想定し、それに必要な費用すなわち修繕積立金の根拠になる計画です。

1　修繕積立金はなぜ必要か

（1）一般管理費と修繕積立金の違い

一般管理費

日常的な管理や清掃、点検や部品交換、部分修繕などは一般管理費から拠出されます。一般管理費の範疇は次のようなものです。

①定期的な点検等が必要なもの：エレベーター点検、受水槽清掃、ポンプの部品交換など。
②消耗部品などの交換
③部分的な修理：漏水などの事故の補修

修繕積立金

修繕積立金は、建物の寿命を延ばす、美観を保持する、価値や快適性、環境を維持・向上させる、などを目的とした工事にあてる費用として計画的に積み立てるものです。

一般管理費と修繕積立金をごちゃまぜにしない

この会計区分は明確に定められているわけではなく、たとえばインターネットの光ファイバー導入の費用などは一般的には修繕積立金から拠出する項目ですが、余剰があれば、一過性の予定外の内容は、一般管理費から拠出するなど臨機応変に対応しても大きな問題はありません。とはいうものの、修繕積立金の目的は管理規約にもしっかりと書いてあるので、無節操に逸脱しないように注意しましょう。

（2）修繕積立金はなぜ必要か

鉄筋コンクリートだから修繕は必要ない？

分譲マンションは、1960年代後半から1970年代初頭に第1次ブームが起こり、大量供給が始まりました。当時は設備関係の日常メンテナンス以外の計画的な修繕や改修は、あまり考えられていませんでした。多くのマンション住民は、鉄筋コンクリートだから何もしなくてよいと思っていました。しかも当時は、マンションは仮の住まいで、いずれはマンションを売って一戸建てに住みたい、と思っている人が多かった時代です。さらに、高度経済成長の真っ只中、スクラップアンドビルド全盛の時代に、修理をしながら長く住み続けようという考え方は希薄で、「大規模修繕工事」という言葉も内容もほとんど知られていませんでした。

管理費とは別に修繕費が必要

しかし、十数年が過ぎ、コンクリートのひび割れが目立ってきたり、雨漏りがしてきたりすると、どうやら何もせず放置していたらマンションはボロボロになるのではないか、と考えるようになりました。外壁塗装や屋上防水をやり替えなければならないのではないか、そのため日常の管理費以外に修繕費が必要だ、とわかってきました。

外壁塗装や屋上防水をまとめて行う大がかりな修繕工事は「大規模修繕工事」と呼ばれるように

なり、1980年代中頃からだんだんと定着してきました。その頃でも「大型修繕」とか「大修理」と呼んでいるマンションはありましたが、呼び名はともかく十数年に一度は大がかりな工事が必要であるという認識が広まってきました。

多額な工事費は急には出せない、集まらない

しかし、それらにいくらかかるかはよくわからず、とにかく見積を取ってみようと工務店や塗装会社に見積を依頼すると、何千万円という金額が提示され、「1戸当たり50万円ずつ出してください」ということになって、ローンも抱えているのに急にそんな多額のお金は出せない、集まらない、と困った管理組合も少なからずありました。

そんな経験から、とにかく少しずつ積み立てておこうとなったものの、大規模修繕工事の時点で必要な資金が十分に積み立てられているマンションは多くなく、月額800円などという、子どものお小遣いのような積立額のマンションもたくさんありました。しかし、月800円では到底間に合わないことはすぐに明らかになり、とにかく値上げをしよう、ということになりましたが、その根拠がありません。

マンションにもライフサイクルコストの考えを

それまで、長期修繕計画のような考え方としては、主に事業用の建物——たとえば貸しビル——の事業計画を立てるときにライフサイクルコスト（LCC）という手法が取り入れられていました。ライフサイクルコストは、初期建設費と、エネルギー費、保全費、改修、更新費などのランニングコストにより構成されており、これらのコストと家賃などの収入がうまくバランスして、事業として成り

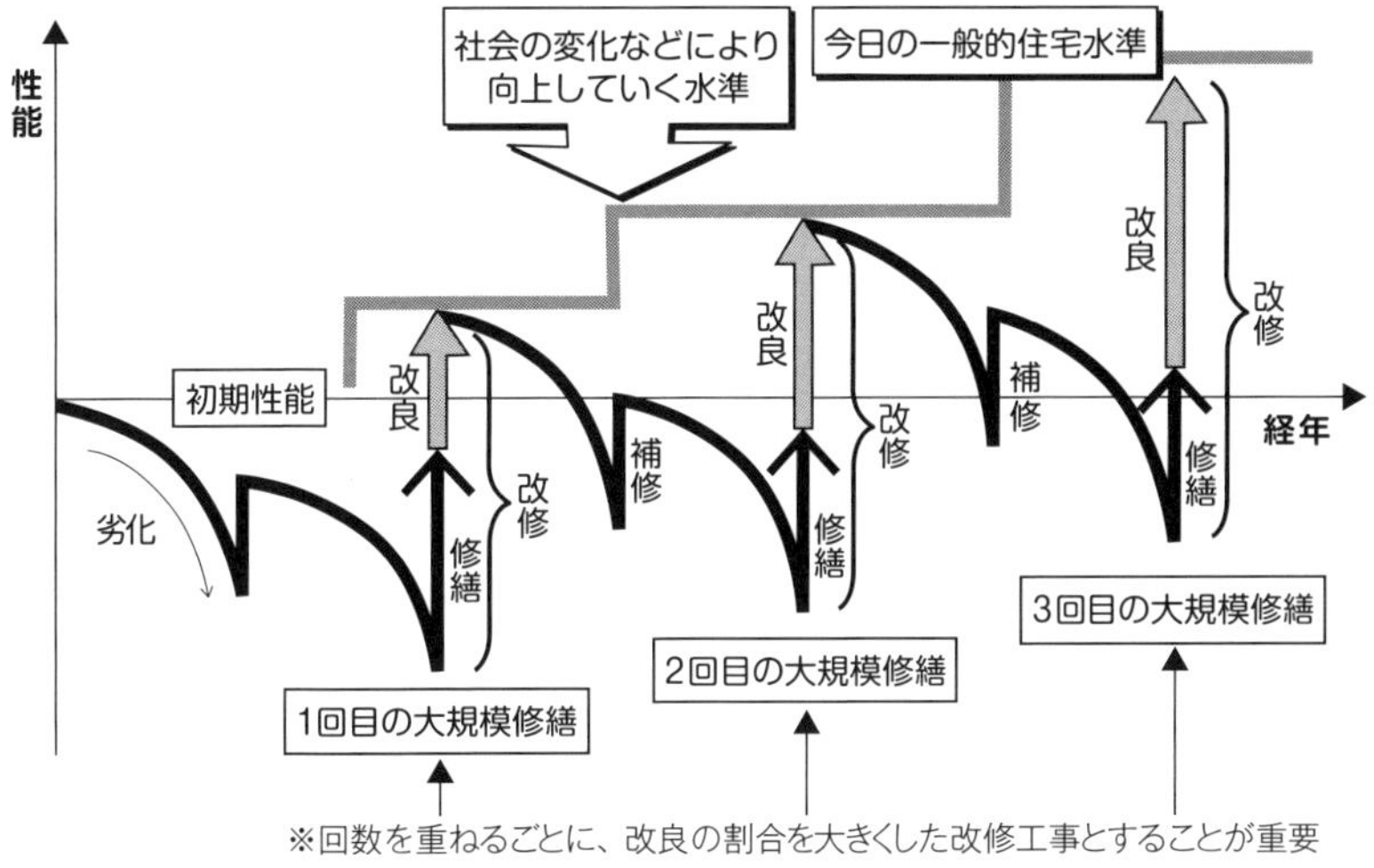

① 改修：現状レベルを現時点で望まれるレベルまで回復させる
② 修繕：現状レベルを新築当初のレベルまで回復させる
③ 補修：現状レベルを実用上支障のないレベルまで回復させる

図 20　マンションの補修・修繕・改修の概念図
出典：国土交通省「修繕積立金ガイドライン」より作成

立つかを検討するために生まれた考え方です。

住宅のライフサイクルコストは誰も考えていなかったので、マンションには長期修繕計画が必要だということも、なかなか定着しませんでした。だいたい、120円/m²・月くらい積み立てていけば間に合うでしょう、それを目標に少しずつ値上げをしましょう、という経験的めやすで積立金額を決めていることが多かったのですが、修繕積立金の根拠が必要だ、そのために長期修繕計画を策定しようというマンションが徐々に増えてきました。

長期修繕計画ガイドライン

2001（平成13）年、「マンションの管理の適正化の推進に関する法律（マンション管理適正化法）」が制定され、その指針のなかで長期修繕計画の重要性が強調されました。つづいて、2008年に国土交通省「長期修繕計画ガイドライン」を発表すると一気に関心が高まり、

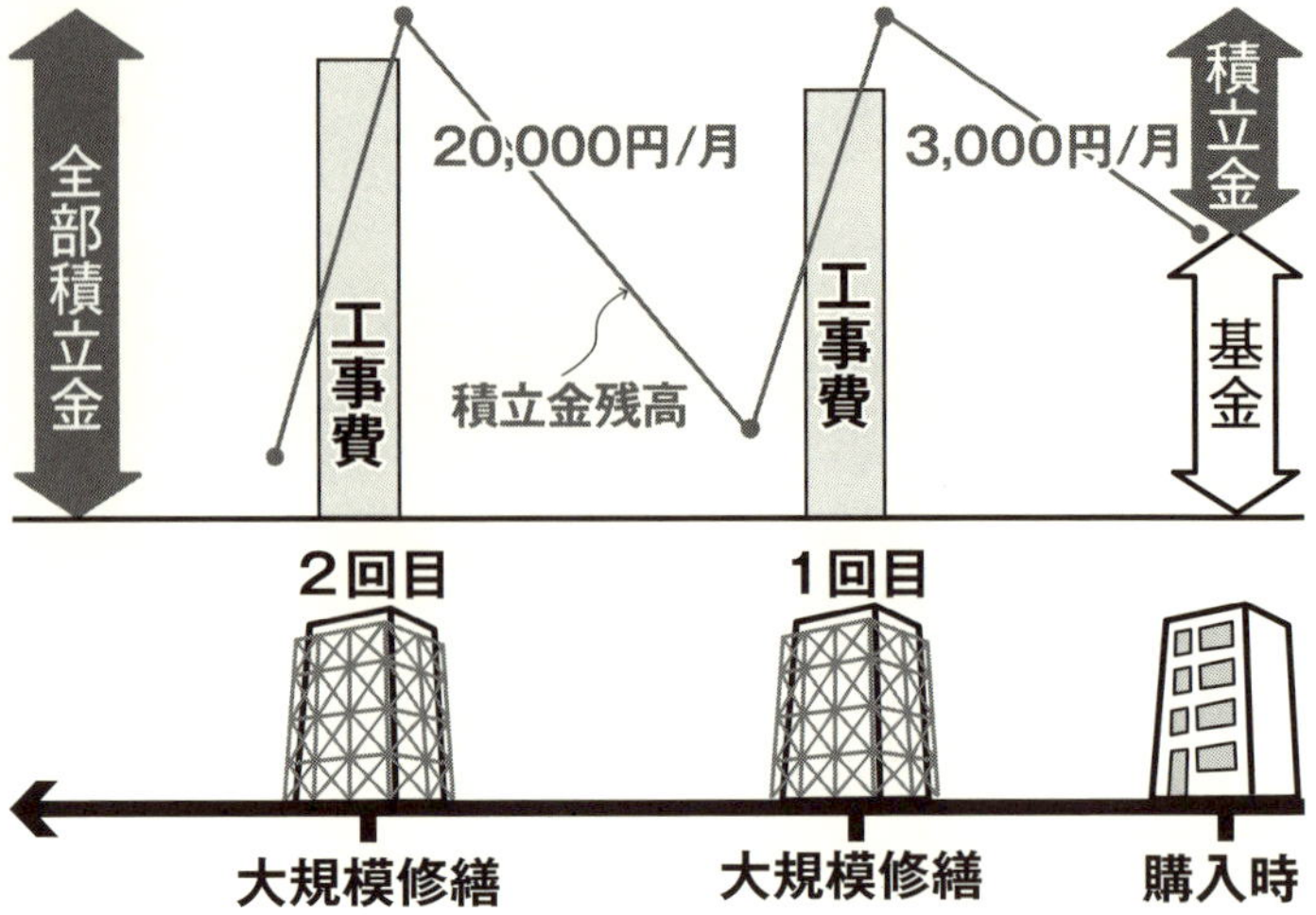

図21　1回目の大規模修繕工事で基金と少したまった積立金を使い果たしてしまう

この頃は長期修繕計画に関するセミナーを開くと超満員ということがよくありました。

国土交通省はこのガイドラインのなかで、マンションの分譲業者と管理組合に向けて「本ガイドラインを参考に長期修繕計画を立案し、それにもとづいて修繕積立金（修繕積立基金を含む）を設定すべし」と指導したので、以降の新築分譲マンションでは、簡単なものながら長期修繕計画の一覧表とグラフは分譲時に引渡し書類として添付されるようになりました。

（3）購入時の修繕積立基金にごまかされるな

しかし、せっかく長期修繕計画が新築時から策定されることになったのに、前述のカッコ書き「修繕積立基金を含む」が、分譲業者の販売戦略に使われ、積立金額の適正化が阻害されることになりました。

分譲業者は「必死」で開発や建設コストを抑えて、「頭金0円、月々7万円ラクラク返済」と銘打って販売しているのに、管理費と修繕積立金があわせて毎月3万円近くにもなる

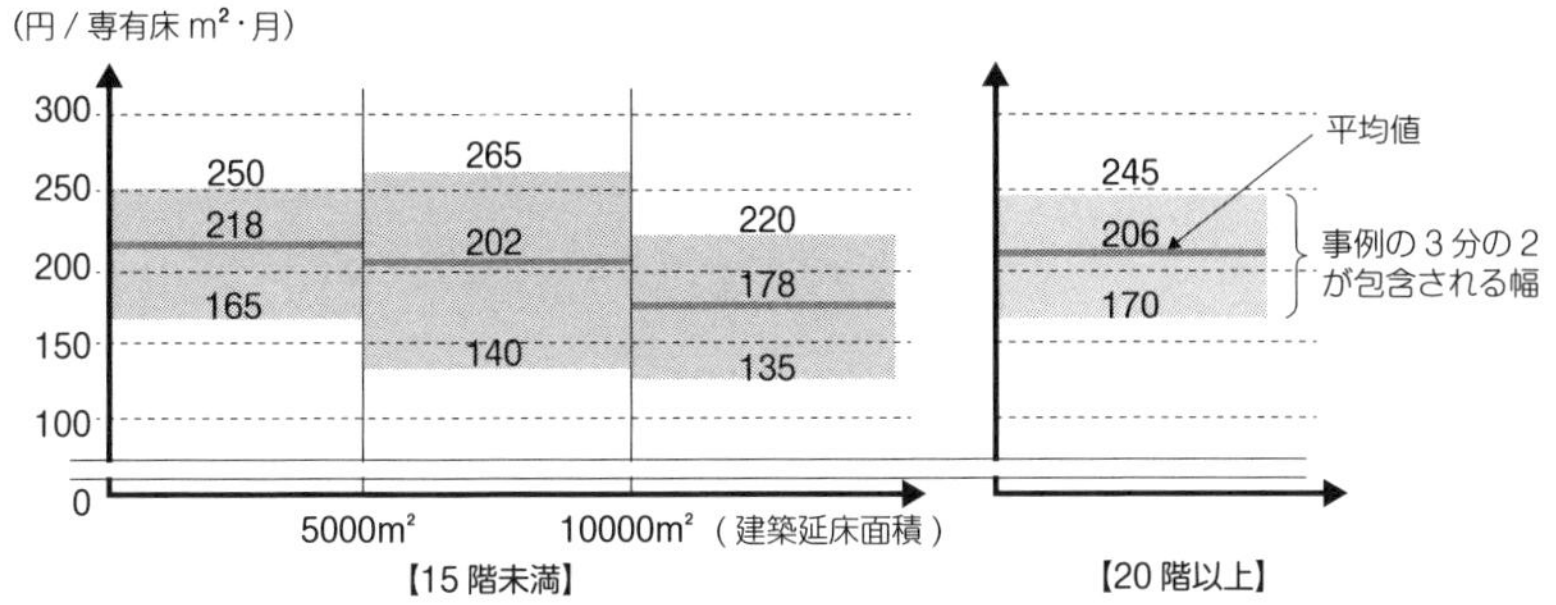

図 22　専有床面積当たりの修繕積立金の額
出典：国土交通省「修繕積立金ガイドライン」より作成

と、「月々実質10万円」になってしまって販売戦略上イメージが悪い、管理費は子会社の利益を守るために下げられない、修繕積立金を低く抑えて「月々実質８万５千円」にしたい、そこで利用されるのが分譲時に集める「修繕積立基金」です。

毎月の積立金を1戸当たり３０００円とか５０００円に抑え、１回目の大規模修繕工事では基金があるので資金不足にはならないものの、ほとんど底をつき、それ以降はかなり大幅な値上げが必要、というまやかしのような長期修繕計画ですが、最近はこれが一般化してしまっています。（図21）

「修繕積立基金」の意味は購入時に説明されますが、初めてマンションを購入する人には内容がよくわからず、「登記費用のような購入時の諸費用の一つです」としてごまかされがちです。この風潮はよろしくないと思ったかどうか、国土交通省は２０１１（平成23）年に「修繕積立金ガイドライン」を発表し、マンションの規模によって1戸当たり月額いくらくらい必要である、機械駐車や超高層は加算されるなどを示しました（図22）。

2　修繕積立金の決め方

（1）長期修繕計画をもとに

10年前なら、長期修繕計画を作成して「最終的な修繕積立金は月額平均1万5000円になります」などと言うと驚かれたものですが、最近はガイドラインのおかげか「やっぱりそれくらいは必要ですか」という反応に変わってきました。マンション管理適正化法制定以降は長期修繕計画づくりの依頼が増え、とくにガイドライン発表後は「分譲時の計画をガイドラインに沿った形でつくり直してほしい」との依頼が増えています。

長期修繕計画は、部位や材料ごとに現況を把握してそれぞれの修繕時期を設定し、修繕・改修工事の合理性（足場の有効活用やスケールメリットなど）を勘案して大規模修繕工事と中・小規模の修繕工事の時期、工事範囲を設定したうえで、概算工事費を積算して必要な修繕積立金を割り出すものです（図23）。

新築時であれば、前述のガイドラインと標準書式により機械的に修繕積立金を割り出せますが、それはあくまで標準耐用年数が基準です。長期修繕計画では、個々のマンションの劣化程度や実質耐用年数が勘案されなければ実用的な計画になりません。あとどのくらい耐用が期待できそうだとか、これなら取替え周期は標準耐用年数より長めに設定できそうだ、ということを現地を見て想定できる経

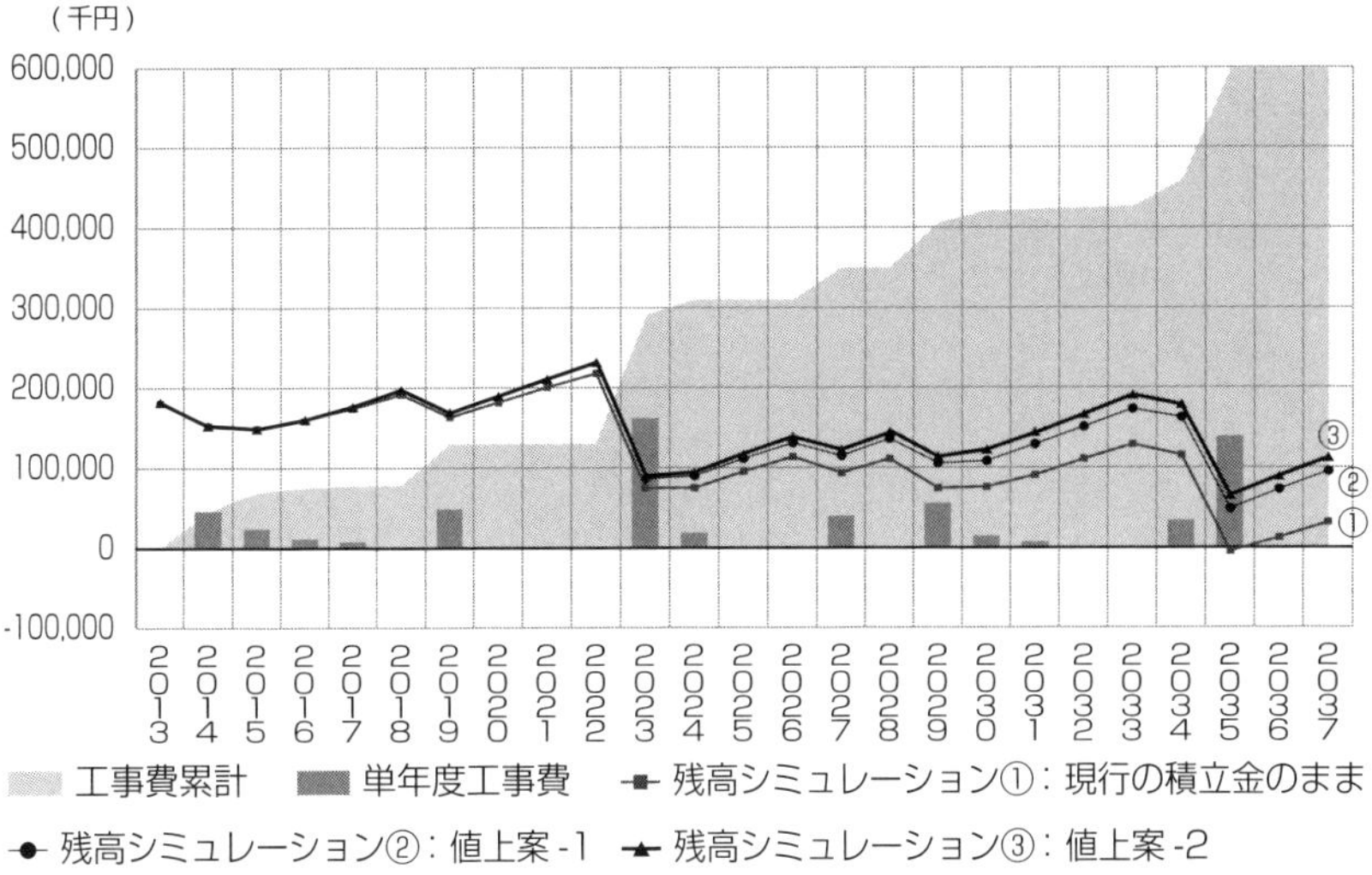

図23　修繕積立金残高シミュレーション（某マンションの計画）　修繕積立金の残高を示す折線グラフが0を下回らないように、毎月の積立金額を設定する。

験が求められるところです。

（2）住み続けられるマンションづくりを

建替えの時代は終わった

建物を支障なく使い続けるための長期修繕計画ですが、たとえば築40年のマンションで30年の計画となると築70年目までの計画になります。この期間にはサッシの取替えや設備類の更新が含まれ、結構な費用がかかります。住民説明会などでは「築70年までの計画など非現実的、それまでに建て替えるのだから無意味な計画だ、そのお金は建替えに充てるべき」という意見が必ず出ます。

40年を超えると「そろそろ建替えか」という漠然とした感覚は根強く、これはマンション管理適正化法に続いて2002（平成14）年に制定された「マンションの建替えの円滑化等に関する法律（建替え円滑化法）」も影響しています。

しかし、現時点でも住宅はたくさん余っており、まだ使えるものを壊して戸数を増やして建て替えるというのは不合理です。建替えに対抗しうる長期修繕計画づくりが求められます。

グレードアップを目指した修繕計画づくりを

建物の機能や美観、価値等の維持・向上のための長期修繕計画の重要性はほぼ認識され、国の政策的誘導もあって修繕積立金の大まかな必要額も浸透してきました。しかし、3回の大規模修繕工事を経た築40年のマンションで、4回目の大規模修繕工事も同じように塗装や防水の改修を繰り返せばいいのでしょうか。それだけでは快適に住み続けられないかもしれないし、新しい若い人が入ってこないかもしれません。

写真28　世界遺産に登録されている築90年の現役集合住宅（ブルーノ・タウト設計、1925年竣工）

あとで紹介する、積極的な改良工事を長期修繕計画のなかに盛り込み、子や孫の世代まで住み続けられるマンションづくりのための計画をつくりましょう。ヨーロッパでは、100年間住み継がれている集合住宅は多数存在しています（写真28）。さらに新耐震基準（1981年）以前のマンションでは、耐震診断費用や耐震補強も長期修繕計画に盛り込むべきです。

階段型のマンションにエレベーターを付けたり、狭い住戸2戸をあわせて1戸にしたり、増築などにより住戸を広くしたりするなども計画に盛り込み、現状維持以上のグレードアップ、建替えではなく再生を見越した計画づくり、次の世代が住みたくなるマンションづくりのための長期修繕計画を考えていくことが重要になるでしょう。

7　マンション、ちょっと不思議な住まいの集合体

1　マンションの現状

(1) マンション人口1500万人

住宅の10%がマンション

1967（昭和42）年頃から始まった日本の分譲マンションの建設は、1970年前後から急増し始め、1980年頃にはストックが100万戸を超えました。1980年代後半の第5次マンションブームといわれた頃から建設戸数は年間10万戸を超え始め、1990年前後のバブル経済の時代には、毎年15万〜20万戸近く建設され、そのストックを急増させています（図24）。

その後、建設戸数は2008（平成20）年のリーマンショックを契機に減少し、2010年には三十数年ぶりに10万戸を割り込みました。マンションの建設戸数が金融経済の状況に左右されている

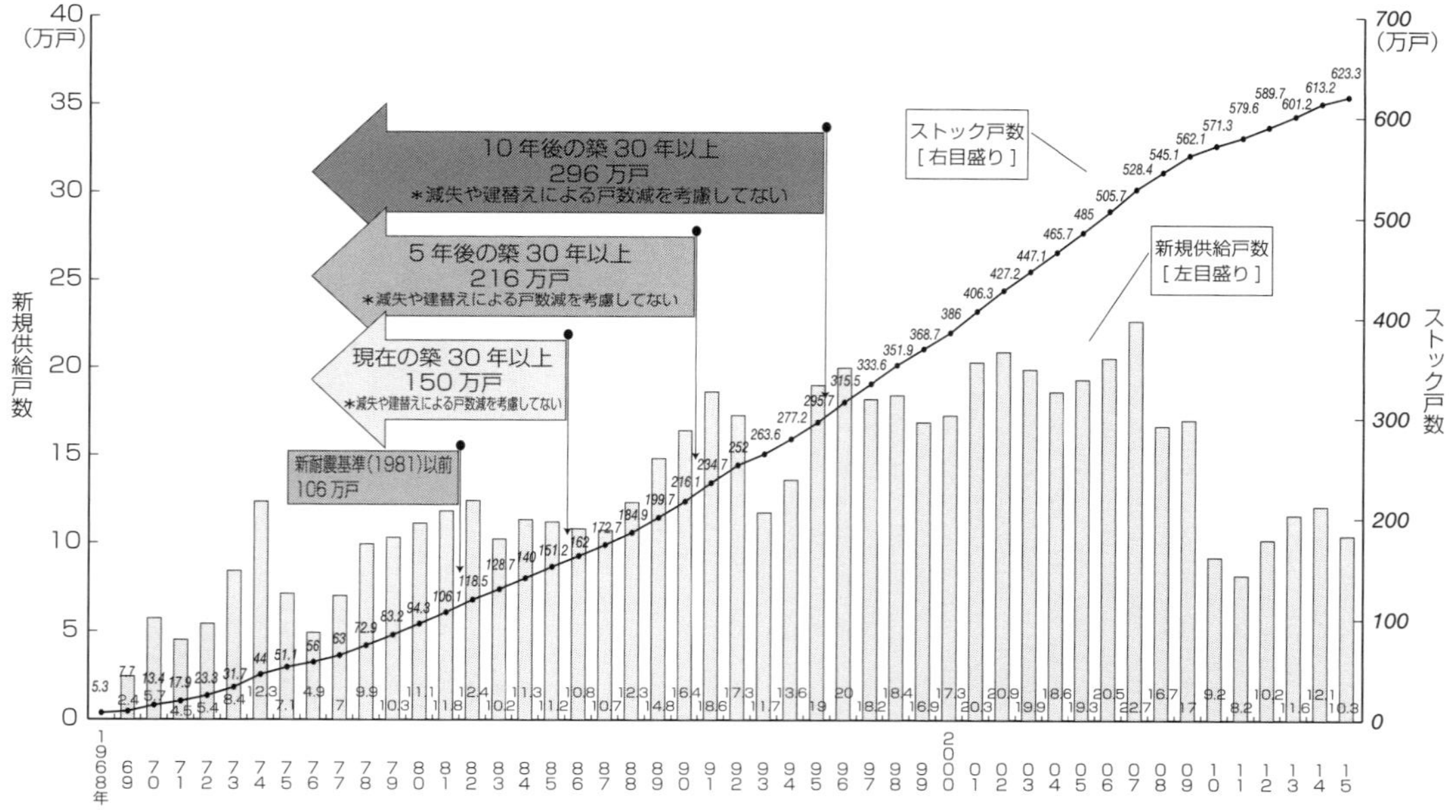

図24　全国のマンション新規建設戸数とストック戸数

注：1. 新規供給戸数は、建築着工統計などをもとに推計した。

2. ストック戸数は、新規供給戸数の累積などをもとに、各年末時点の戸数を推計した。

3. ここでいうマンションとは、中高層（3階建て以上）・分譲・共同建で、鉄筋コンクリートまたは鉄骨造の住宅をいう。

4. マンションの居住人口は、2010（平成22）年国勢調査による1世帯当たり平均人員2.46をもとに算出すると約1,530万人となる。

5. 2015（平成27）年末現在ストック戸数約623万戸、そのうち、旧耐震基準にもとづき建設されたものは約106万戸。

出典：国土交通省

ること自体が、国民のニーズとは関係なく住宅が建設されていることの現れですが、このことはここでは言及しないことにします。

２０１２年には10万２０００戸、２０１３年は消費税増税前駆け込みの押し付け的需要で11万６０００戸に増加、２０１４年も12万１０００戸と微増しましたが、２０１５年以降は消費税増税前駆け込みの反動や、免震ゴムの偽装、杭の偽装など、新築マンションに対する不安などもあってか、約10万戸に減少しました。

このようにいくつかの波（マンションブーム）を経て、約50年間に建設されたマンションのストック戸数は２０１５年末に６２３万戸を超えました。これは日本の住宅総数の約10％に相当します。

都市部では3～4世帯に1世帯がマンション暮らし

また、マンションに暮らしている人は約１５３０万人で、世帯数の割合（マンション化率）でみると東京23区の29・８％、福岡市の29・１％、神戸市の27・７％がベスト3、都市部では3～4世帯に1世帯はマンションに暮らしています。ちなみに、大阪市は5位で25・３％、名古屋市は8位で19・２％です。行政区単位では東京都千代田区の83・７％が最高で（２０１４年1月30日、東京カンテイ調べ）、ほとんどの人がマンションに暮らしているといえます。

（2）国の調査から見えるマンションの現状

マンションの実態を様々な角度から調査している、国土交通省の「マンション総合調査」というものがあります。これは、マンション居住や管理の実情について、全国のマンション管理組合と区分所有者を対象にしたアンケートによる調査です。１９８０（昭和55）年から、ほぼ5年ごとに行われています。サンプル数は多くないものの、これからのマンションの維持管理のあり方、ストック活用などを考える材料の一つといえるものです。２０１３（平成25）年度の調査結果が２０１４年4月に発表されました。たくさんの項目がありますが、とくに本書の内容と関係の深い項目を中心に、マンションが置かれている現状を考えてみます。

進む世帯主の高齢化

マンション居住者の世帯主の年齢は年々高齢化が進み、とうとう60歳以上が半数を超えました。同じ人が住み続けていたら必然的に年齢は上がっていきますが、新築マンションに若い人が多いわけでもないことが推定されます。また、日本全体の人口構成も影響しているかもしれません。

賃貸住戸の増加

次に、賃貸になっている住戸の割合である賃貸化率は、0超～20％のマンションが、２００３（平成15）年を境に増加しています。今回は6割近くになっており、20％超が賃貸になっているマンションも2割近くあります。賃貸住戸ゼロのマンションは２００３年の15％から２０１３年は10％に減少しています。古いマンションほど賃貸化率が高く、比較的新しいマンション（築5年以内）でも、賃貸住戸ゼロの割合は3割程度です。

空室の増加

ついでに空室率（3カ月以上）を見てみると、これも古いマンションのほうが高いのですが、新しいマンションでも空室ゼロは65％程度です。空室ゼロの割合は中層（4～5階建て）が一番高く、

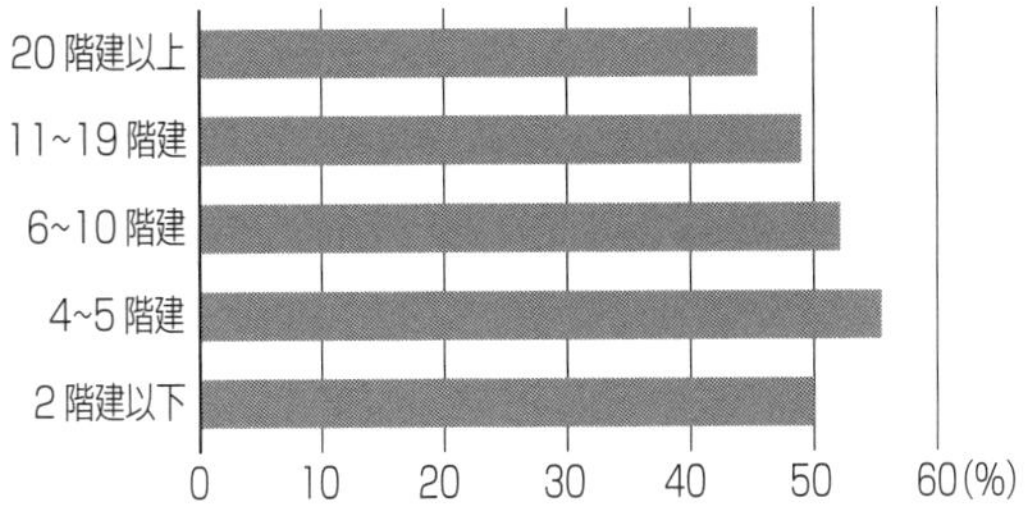

図25　空室ゼロのマンションの割合（階数別）
出典：国土交通省「平成25年度マンション総合調査結果」より作成

高層になるほど空室ゼロの割合が下がり、中層と超高層（20階建て以上）とでは1割程度の差があります（図25）。超高層マンションは投資の対象になっている場合が多いことがうかがえます。いずれにしても所有者が居住していないというのは、維持管理や快適に住み続けるための様々な取組みに対してプラスにはならないでしょう。

高まる永住意識

本書の内容ともっとも関係が深い「永住意識」については、調査開始の1980（昭和55）年は「永住するつもり」が21%、「いずれは住み替えるつもり」が57%でしたが、1999（平成11）年の調査で逆転し、2013年は「永住」が52%、「住替え」が18%となっており、一昔前の「マンションを売って一戸建て住宅へ」という「住宅すごろく」的思考は影をひそめてきたと思われます。

しかし、たくさんの管理組合で数少ない若い人たちと話していると、あまり「永住」を意識していないように感じることがあります。調査結果で永住意識を年齢別に見てみると、年齢が上がるにしたがって「永住意識」が高くなっています（図26）。余談ですが、面白いのは、都市圏別にみると東京圏と大阪圏はほぼ全国平均で同率ですが、名古屋圏は「永住するつもり」が1割ほど少なくなっています。おそらく「いずれは一戸建てに」という思考が根強いのではないかと思われます。

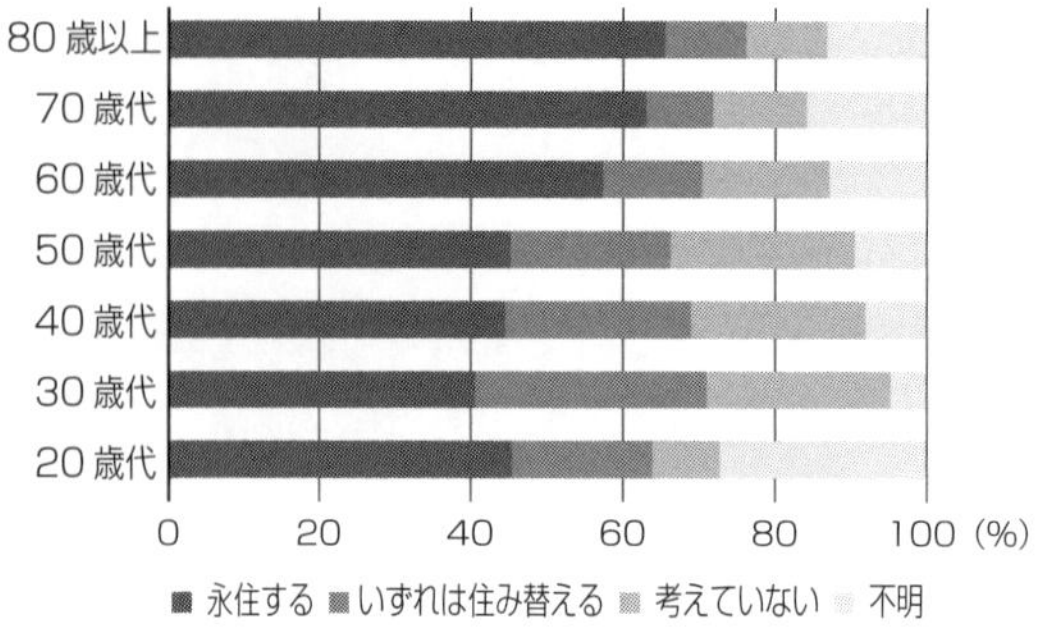

図26　マンション居住者の永住意識（年齢別）
出典：国土交通省「平成25年度マンション総合調査結果」より作成

上昇する長期修繕計画の策定率

マンション管理の状況では、長期修繕計画を策定しているマンションは年々増加し、現在は9割近くが長期修繕計画をもっています。これは2001（平成13）年に「マンション管理適正化法」が制定され、その後2008年には「長期修繕計画ガイドライン」が示されたことで、長期修繕計画の策定率が上昇したものと思われます。

修繕積立基金で修繕積立金の月額を低く設定

長期修繕計画の策定率が上昇したものの、長期修繕計画を根拠に修繕積立金を算出しているのは76％程度、さらに計画期間25年以上の長期修繕計画を根拠にしているのは46％にすぎません。この差は正しく長期修繕計画が立てられていないからです。とくに新築マンションでは、長期修繕計画とは無関係に、販売しやすくするために修繕積立金月額を低く設定する傾向があるためだと思われます。

2013年の調査結果では1戸当たりの修繕積立金の額は平均1万783円ですが、新築マンションの当初設定額の多くは1万円以下で3000～5000円などという昭和時代のような例も少なくありません。これでは十数年後の大規模修繕工事はまかなえません。誰が編み出したのか、「修繕積立基金」という手法が定着しており、マンション購入の契約時に「諸費用」に紛れ込ませて数十万円か

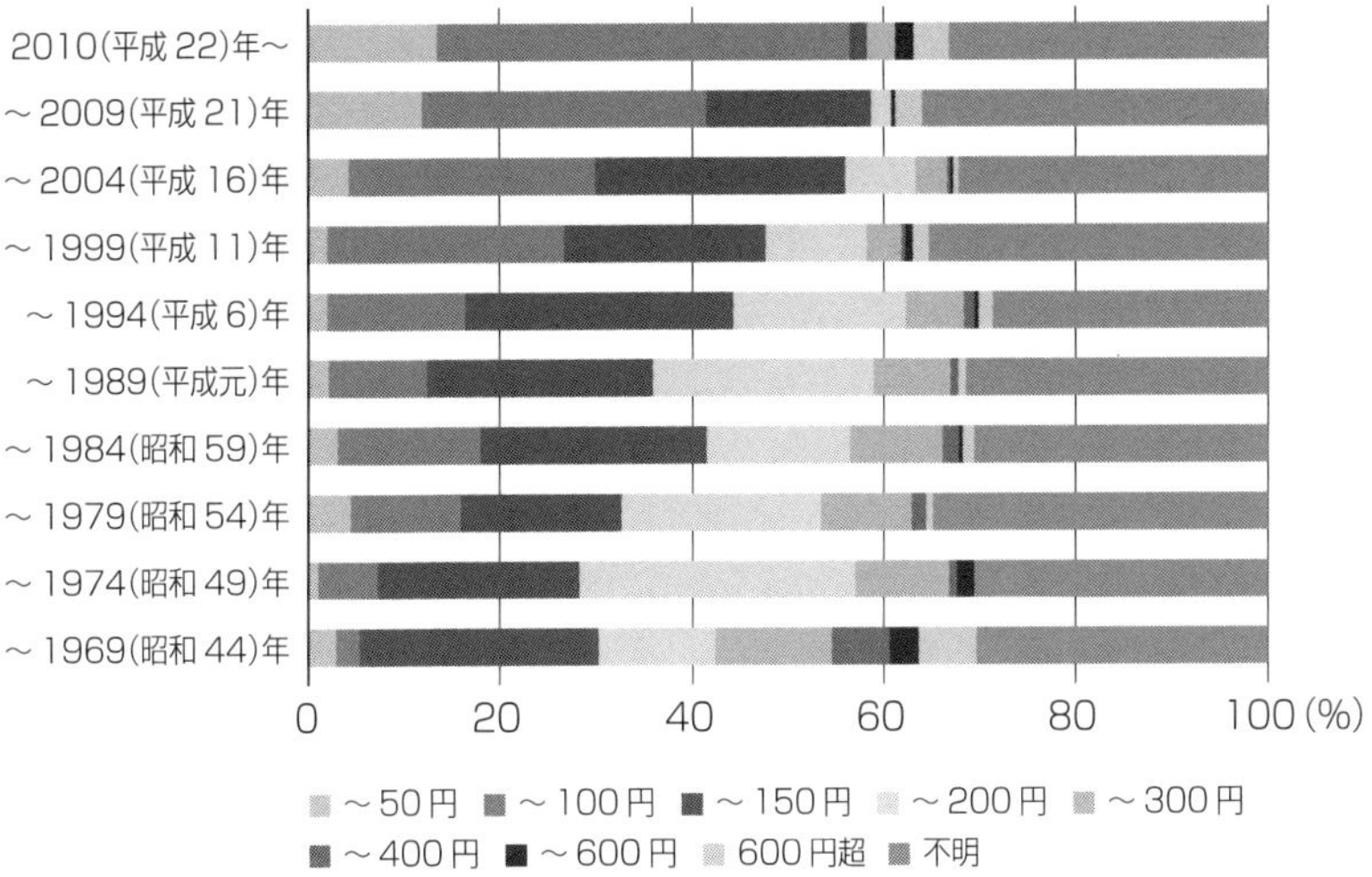

図27　1m² 当たり月額修繕積立金単価（入居時別）
出典：国土交通省「平成25年度マンション総合調査結果」より作成

ら100万円くらいを最初に集め、十数年後に平均月額1万円くらい集めたのと同じくらいになるように設定されています。

調査結果でも新しいマンションほど月額が低く、2010（平成22）年以降に完成したマンションでは月額100円／m² 以下が約56％で、そのうち50円／m² 以下が約14％になっており（図27）、この金額は国土交通省が2011年に発表した「マンションの修繕積立金に関するガイドライン」で示している平均的な金額からはかけ離れています。

このことは160ページ以降で詳しく述べましたが、当初の基金をあてにして積立金月額を分譲時のまま値上げせずに放置すると、1回目の大規模修繕でも不足するか使い切ってしまって、次の大規模修繕に向けて急激な値上げを迫られます。

進捗が思わしくない耐震化率

国の耐震化目標　本書の内容に関連してもう一つ重要な「耐震」の項目を見てみましょう。国土交通省は「耐震化の目標」として、「住宅および特定建築物（学校、病院、百貨店、事務所など）は２０１５（平成27）年までに少なくとも耐震化率９割とすべき」としていました。２０１１年の住生活基本計画ではその次の目標として２０２０（平成32）年度の達成率を95％に設定されました。２０１５年90％というのも消えたわけではなさそうですが、どうも進捗が思わしくないのかもしれません。なお、「耐震化率」の進捗は新築の建物もカウントされるため黙っていても少しずつ上昇していくので，「耐震改修」の進捗と同一ではありません。

マンションの耐震化率　２０１３年の調査では、旧耐震基準のマンションのうち耐震診断を実施したのは３割程度でした。その結果、耐震性ありが５割近くで、耐震性なしは３割でした。旧基準でも耐震性があるものが多いのは意外に感じられます。ただし、耐震診断を行っていない７割では耐震性に問題ありの率が高いかもしれません。また、５階建て以下の中低層の回答者の多いことが、「耐震性あり」が多い一つの要因であると思われます。

旧耐震基準で建てられたマンションの耐震化率を考えてみます。「耐震性なし」と明確に判断された３割のうち、耐震改修を実施したマンションはその３割となっていますから、この調査範囲における旧耐震基準のマンションの耐震化率は大雑把にいうと６割程度ということになり、耐震化率という点では大きなおくれを取っているといえます。

国の対策　マンションの耐震化が他の建物に比べて進捗が思わしくないのを、国も放置しているわけではなく、たとえば次のような措置を講じています。

①「広域緊急交通路沿道建築物耐震化」事業を２０１３年から本格化させ、指定路線沿道のマン

ションの耐震診断に対して国と自治体で100％の補助を行う。

②耐震改修工事の実施にあたって、これまでの区分所有法では、耐震改修工事は「共用部分の変更」に該当するため特別決議（3／4以上）が必要であったものを（第17条）、耐震改修に限って普通決議（過半数）に緩和する。

ただ、やはり耐震改修工事の費用は膨大であり、決議要件の緩和だけでは著しい進捗は期待できず、補助金の面で手厚い措置が必要だと思われます。

また、国のいう「耐震化」には「建替え」も並列的に含まれているため、「耐震化の促進」には建替えの促進も必要で、今よりさらに「建替えの円滑化」を図る必要があるという認識ですが、本書では「住み続けるための耐震改修」を課題としてとらえ、既存マンションの耐震化を考えています。

高まる大規模災害への対応意識

最後に触れておきたいのは「大規模災害への対応状況」の項目です。いろいろの項目、たとえば「防災訓練をしている」や「非常食を備蓄している」あるいは「マニュアルを作成している」など、8項目について、すべて2008（平成20）年の調査より増加しており、「何もしていない」が10％近く減少しています。これはいうまでもなく、東日本大震災の影響、南海トラフによる地震の現実味感が影響していると思われます。ただし、10％減ったといっても「何もしていない」マンションが3割近くあることは見過ごせません。

ちなみに、調査結果をマンションの規模別にみてみると、「何もしていない」のは比較的規模の小さいマンションに多く、20戸以下のマンションでは半数以上が何もしていません。逆に200戸以上のマンションで「何もしていない」のは1割以下になっており、規模に比例した結果になっています。そのほか、マンションにおけるトラブルや居住者間のマナーの問題、管理費等の滞納問題などの調査が行われています。

分譲マンションは「区分所有」という、特殊な所有形態であるため、その成り立ちからして複雑であり、これを維持していくことは様々な側面で困難が伴い、快適に住み続けていくためには多くの努力が必要な住宅であるといえます。そのために国も定期的に状況の調査を行い、様々な措置を講じる必要に迫られています。マンションにお住いのみなさんも、一度自分たちのマンションの状況——年齢構成や永住意識など——をアンケートなどで調べてみてはいかがでしょうか。

2　マンションの所有形態と管理組合の特性

（1）マンションの所有形態は「区分所有」

みなさんが暮らしている分譲マンションは、「区分所有」という所有形態で、住宅の数に匹敵する（必ずしも同数ではない）複数の人が所有している建物です。「専有部分」という明確な所有部分と「共用部分」に区分され、土地を含む共用部分は「区分所有者」全員の共有であり、所有している専有面積に応じて「共有持分」という数字上の（場所が特定されない）持分があります。たとえば、専有面積の合計が1万m^{2}のマンションで、あなたの住戸の専有面積が69・32m^{2}だとすると、共用部分の面積の、あるいは土地の面積の69・32／10000が、あなたの持分です。

（2）区分所有者全員で構成される「管理組合」

分譲マンションは区分所有者の集まりであり、専有部分の管理は各区分所有者がそれぞれ行いますが、共用部分は区分所有者全員で管理を行う必要があります。その区分所有者全員で構成されるのが「管理組合」です。マンションの維持管理あるいは改修は、「管理組合」すなわち区分所有者が全員で担うことを意味します。

（3）管理組合を支援する専門家たち

管理組合を支援する専門家は建築技術者だけではありません。区分所有というマンションの特性から、弁護士や司法書士、会計士、マンション管理士など多岐にわたります。これは、管理組合が建物の維持管理だけではなく、組合という組織の運営から固定資産税などの税金の問題、管理費等の未払い問題など幅広い内容を扱うからです。

しかし、一番多くの時間と費用を要するのが、中心的な課題としての建物の維持管理の問題であり、この分野の専門家、すなわち建築の専門家の役割はきわめて重要になります。

コラム

マンション管理組合の団体

管理組合自らがつくった相談先

マンションが日本に生まれ、区分所有法ができて約50年が経過し、今では1500万人以上の人々がマンションに暮らしています。区分所有という単純でない権利関係、集合住宅という居住形式からくる様々な問題は、時代とともに変化している問題もあれば、50年間相変わらず同じことで悩んでいることもあります。

マンションの悩みの相談先というのは、2001（平成13）年に「マンション管理の適正化の推進に関する法律」ができてようやく行政にも相談窓口ができてきましたが、それまでは管理組合が自らつくった団体――たとえば関西では、関西分譲共同住宅管理組合協議会（関住協、1981年〜、現NPO法人）や京滋マンション管理組合対策協議会（京滋管対協、1981年〜、現NPO法人）――が数少ない相談先でした。

これらの団体は、管理組合の役員経験者などが、自分たちの悩みをもち寄って経験交流し、情報交換を通じてマンション問題の解決を目指して設立されました。管理組合へのアンケートやセミナーの開催、行政への陳情などの活動を行い、弁護士や建築士などの協力を得ながら自らの経験をもとにして相談活動を展開していました。

自らマンション問題を考える

1981（昭和56）年頃というのは、1970年前後に急増したマンションがちょうど10年を過ぎたころで、今なら「そろそろ大規模修繕を検討しましょう」という時期ですが、当時は「大規模修繕」や「長期修繕計画」という概念はほとんど知られておらず、鉄筋コンクリートはメンテナンスフリーだと考えられていた時代です。しかし建物は、ひび割れしたり、雨漏りしたりと、だんだんと劣化していきます。どうしたらいいのかまったくわかりません。あるいは駐車場が足りない、ペットを飼っている人がいる、騒音トラブルが絶えないなど、いわゆるマンション問題が顕在化し始めた頃に、自らそれらをどうしようかと考える団体をつくったわけです。（財）マンション管理センター（現公益財団法人）が設立されたのが1985（昭和60）年ですから、先の団体などは非常に先進的であったといえます。

全国マンション管理組合連合会の設立

その後各地の都市部で同様の管理組合団体が設立され、1986年には全国の7団体564管理組合により、全国組織として全国マンション管理組合連合会（全管連、現NPO法人）が設立されました。現在は全国19団体2424管理組合が加盟しています（237ページの《相談窓口》参照）。

　このようにマンション問題に対する対策は、マンション住民自らが立ち上がって団体をつくり自主的にその解決のための活動を継続し、30年以上の歴史を刻んでいます。そして前述したように、2001年に国は、ようやく約20年遅れて「マンション管理適正化法」という法律をつくり、マンション問題に乗り出したというわけです。

3　分譲マンションの法律「区分所有法」の変遷

マンションの維持管理においては、それを律する法律である区分所有法（建物の区分所有に関する法律）を基本にしてものごとを考えなければなりません。とくに「共用部分」の概念、「規約」の効力、「集会」の重要性などは、マンションに暮らすうえで、必ず知っておく必要があります。ここではその変遷と背景をみてみましょう。

（1）1962（昭和37）年の区分所有法の制定――長屋からマンションへ

建物を部分的に所有する規定は、旧民法（明治31年施行）のなかで、いわゆる「長屋」を念頭において建物の一部について所有権の設定を認める例外規定がありましたが、一般に知られたものではありませんでした。マンションという立体的に積み重なった長屋には、適用できないことから1962（昭和37）年に区分所有法が制定されました。

そして1960年代後半からマンションが大量に分譲されるようになると、この法律の問題が次々と露呈してきました。たとえば、①建物の専有部分と土地の所有の関係があいまいで、当時は別々に登記していたので複雑で大変だったり、②管理規約の設定・変更を行うためには、区分所有者全員の書面による同意を必要としていたため、管理組合運営上の障害がいろいろあったり、③管理組合という団体そのものの規定が明確ではなく、区分所有者に対する規制や措置が取れなかったり、などがあります。

（2）１９８３（昭和58）年の大改正──現在の区分所有法の原型

大改正の二つのポイント

マンションが増えて、いろいろとこの法律の問題が明らかになったので、１９８３（昭和58）年、区分所有法の大改正が行われました。改正の大きなポイントは、まず区分所有の目的である建物の専有部分と敷地利用権の一体化を明記したことです。すなわち、専有部分の権利を譲渡するときには土地の持分（計算上の面積）が自動的についてくるもので、裏を返せば土地だけを切り離して譲渡できない（第22条）、ということを明確にしました。

もう一つは、「管理組合」が「管理」を行うことを明確にしました。具体的な改正のポイントは、「管理組合は必然的に成立すること」「全員一致制から多数決制への転換」「建替え規定の新設」「義務違反者への措置」などです。

区分された部分を単独で所有できる権利

区分所有法の第1条には「1棟の建物に構造上区分された数個の部分で独立して住居、店舗、事務所又は倉庫その他建物としての用途に供することができるものがあるときは、その各部分は、この法律の定めるところにより、それぞれ所有権の目的とすることができる」と、その主旨が書かれています。要するに「共有」ではなく区分された部分を単独で所有できる、すなわちその部分に権利があることを認めています。

区分所有者全員が管理組合に強制加入

そして第3条には、「区分所有者は、全員で、建物並びにその敷地及び附属施設の管理を行うための団体を構成し、この法律の定めるところにより、集会を開き、規約を定め、及び管理者を置くことができる。—以下略」と、当然に区分所有者全員による管理組合という団体が成立し、全員で維持管理を行うことを明記しています。昔はときどき、「私はそんな組合に入った覚えはない」などと言う人がいましたが、今は「法律上、あなたはマンションを買った瞬間に自動的に強制的に管理組合の一員になるのですよ」という説明をすることはなくなりました。

この改正は、マンションの大量供給のなかで起こってきた様々な問題を解決するために、いわば試行錯誤の結果、よりよくするための改正だったといえます。

(3) 2002(平成14)年の「改正」——管理の適正化と建替えの推進

「マンション管理の適正化の推進に関する法律」の制定(2001年)

現在の区分所有法の原型は1983(昭和58)年の大改正によるものですが、その後もいろいろと改正が積み重ねられています。2001(平成13)年には、マンション管理適正化法が新たに制定されました。これは「適正に管理されていないマンションが少なからずある」ことが、前に紹介した「マンション総合調査」などによって明らかになり、維持管理全般について具体的な指針を示す法律として生まれました。

区分所有法の改正（2002年）

そして、マンション管理適正化法に呼応する形で2002（平成14）年に区分所有法も改正されました。この改正は、管理の適正化、時代の変化に対応する、築30年を超える高経年マンションの急増などに主眼が置かれ、たとえば管理組合法人化要件の緩和（区分所有者数要件の撤廃）や理事長の権限の拡大により、結果として理事長の個人的負担感の軽減を図って管理の適正化につなげるねらいがありました。

管理規約の適正化という点では、不均衡な規定、たとえば一部の区分所有者のみが駐車場等の敷地の専用使用権を半永久的に所有し、さらにそれが転売できるような規約の設定を原則禁じています。

「大規模修繕工事」は過半数の賛成で

本書に関係が深い「大規模修繕工事」ついての規定も明確にされました。この改正までは多くの場合「大規模修繕工事」が第17条の「共用部分の変更」と定義されていました。「共用部分の変更」の除外規定は「改良を目的とし、かつ、著しく多額の費用を要しないもの」と定義されており、「大規模修繕工事は多額の費用を要するので、共用部分の変更に該当する」と考えられ、第17条にもとづいて3／4以上の多数による決議（特別決議）が必要とされていました。

この「3／4」という数字が重いものかそれほどでもないのかはマンションによって大きく差がありますが、改正の背景としては「3／4が重い」ために大規模修繕ができないマンションがあり、管理の適正化を阻害しているという認識でした。そこで「共用部分の変更」の除外規定を「形状または効用の著しい変更を伴わないもの」と変更し、大規模修繕が普通決議、すなわち区分所有者数およ

び議決権数の各過半数の賛成で行うことができるようになりました。

しかし、この共用部分の変更の定義は今でもよく議論になります。たとえば、大規模修繕工事のなかで各戸の玄関扉を取り替えようとしたときに「効用の著しい変更ではないか」とか、「同条2項の『専有部分の使用に特別の影響を及ぼす』のではないか」という意見が出ますが、玄関扉としての形状、効用は「著しく」変わらない、全戸一斉に同じものに取り替えるので「特別」ではないことを理論的に理解しておく必要があります。

建替えは健全なマンションでも4/5の賛成でできてしまう

建替え困難性の排除　もう一つの大きなポイントは、「建替えの困難性」を排除しようというものです。これは同時に新設された「マンションの建替えの円滑化等に関する法律」（建替え円滑化法）と一体となった改定で、建替えの決議要件の緩和がその主旨です。建替え決議のためには「老朽化が著しい」「著しく損傷している」「災害等により一部滅失している」、そしてその復旧、修復に「過分の費用を要する」という要件が必要でしたが、この改定では、これらの要件を撤廃して、区分所有者および議決権の各

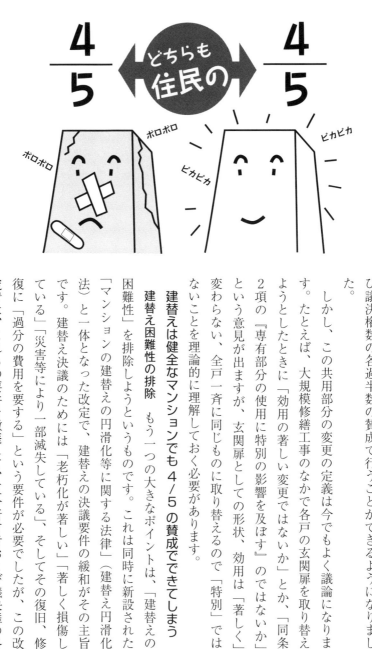

4/5以上の賛成で建て替えができるようになってしまいました。

老朽化していなくても建替えできる？　バブルの頃、地価の高騰により築30年以上のマンションが新築時の価格を上回るような金額で取引され、公的分譲（公団や公社）などの余剰容積の多い団地では、タダで建替えて今より広い新築に住める、という幻想が蔓延しました。うまくいったところも少しありますが、建替え決議をめぐる裁判も頻発しました。このときに争点になったのが、「老朽化」という概念です。30年40年経過していても適切に維持管理されていれば、とても「老朽化」しているとは認定されません。これでは建替えは進まないということで、建物の状態にかかわらず多数決で建替えができるようにしたのが、このたびの改定です。

経済政策から脱却できない国のマンション政策　この部分を「改正」ではなく、あえて「改定」と表現しているのは、「正しく改められた」とは思えないからです。それは、このときから国は「維持管理の適正化」と「建替えの推進」という、ある意味では相反する二つの課題を「再生」という言葉に無理やり統一し、さらに「耐震改修促進」という大きな課題も絡めながら、ときには矛盾を露呈させながら、ときには強引なマンション政策を進めていくことになってしまったからです。

この2002（平成14）年の改定は、管理が行き届いていないマンションが少なからず存在することをバネにして、高経年マンションの建替えを進めたい、といういわばゼネコンの期待に応えようという経済政策的意図が含まれた誘導的なものといえるでしょう。

法律の細かな解釈などは法律の専門家にゆだねる必要がありますが、マンション住民として、法の主旨と国の政策を関連づけて理解し、それに惑わされることなく自分たちの住まいとしてのマンションの維持管理に積極的に関わっていきましょう。

コラム　諸外国の「建替え」に関する考え方

区分所有法の日韓米英独仏の比較

区分所有法というのは日本だけのものではなく、外国にも存在します。諸外国と日本の比較で研究者のみなさんが注目している一つのポイントが「建替え」に関する部分です。結論的に彼らは「普遍的なモデルはない」と言っています。「老朽化した区分所有建物の最終的な権利の調整」という言い方で、日韓米英独仏を比較し、以下のように建替えについて分類している研究報告があります。

日本・韓国　最終的な権利の調整を「建替え」により行う。

アメリカ・イギリス　最終的な権利の調整を区分所有関係の「解消あるいは終了」により行う。

ドイツ・フランス　最終的な権利の調整を「予定していない」。

いかにもその国の歴史と文化が現れていて面白いのですが、「最終的な権利の調整を予定していない」フランスはどうするのでしょうか。

フランスは国が乗り出す

フランスでは、区分所有建物が適正に管理されず、老朽化が進み、近隣社会に対して悪影響があるとみられる場合、このような建物を「荒廃」と定義し、所有者の適正管理の欠如を公的に宣言（「欠如宣言」）して、公的に介入する建物改善プログラムを政策として用意しています。具体的には、

①建物の「荒廃」を予防する。

②「荒廃」状況を調査し「荒廃」と認定したら公的に介入し、（a）「荒廃」の特定と「所有者欠如宣言」、（b）公的収用・環境改善（取壊し・売却など実質上の終了を含む）を行う。

という流れで建物改善プログラムが進められます。「荒廃」の状態は以下のように定義しています。

①共用部分を中心とした建物や設備の老朽化・陳腐化など物理的な荒廃

②居住者の貧困化・特定階層化といった社会経済面の荒廃

③管理組合や集会の機能不全など管理面の荒廃

これらは日本の国土交通省の言葉でいうと「管理が適正に行われていない」状態とほぼ同義ですが、②などは日本より社会性を帯びています。この状態に対してフランスはとことん公的に介入して改善を図る、すなわち最後まで国民の住宅の面倒を見るという考え方で、国民が安心して健全に暮らすために国が責任をもつという当然の正しいあり方を示していると思います。

国は国民の住宅の面倒をみるべき

ひるがえって日本は、「管理の適正化を図る」としながら、最後は「建替え」という手段を用意し、さらに「建替え」がままならないと見るや、つい先頃、アメリカ・イギリスと同じ「区分所有関係の解消あるいは終了」できる法律をつくってしまいました。「敷地の売却」を４／５の賛成でできるようにしたのです。

日本は、フランスのように区分所有建物という個人の財産であっても国が国民の住宅の面倒を最後まで見るという考え方ではなく、「建替え」と「区分所有関係の解消あるいは終了」という最終的な権利の調整方法を二つも用意し、前記の分類からも突出した、より景気対策的なモデルをつくってしまいました。しかも、それは「老朽化」を要件とせず多数決で決議できることとし、マンションを経済活動の一部としてより明確に位置づけたのです。この間の公的住宅からの撤退とあわせて、国が国民の住宅の面倒を見ないことを、さらに鮮明にしたといわざるをえません。

フランスの区分所有法は１９３８年に創設されており、日本より長い歴史があります。フランスも日本と同じ資本主義の国です。フランスに学ぶのではなく、アメリカ・イギリスの真似をしてしまったのは残念なことです。

写真29　次々と建て替わる韓国のマンション群（2008年撮影）

4　マンションの「属性」を知ろう

(1) 建物の属性

人の属性というと、年齢、性別、職業、家族構成、住所、出身地など、その人の生い立ちや現状などを表すものです。マンションも同様で、立地や築年数、分譲者、設計者、施工者と、修繕履歴および構造規模、住戸数、仕上げ、設備仕様、管理規約などの属性があります。自分のマンションの属性を知ることで、大規模修繕工事や改修工事などを考えるためのポイントの一つになります。

マンションが大量に供給され始めた1970年代から1980年代にかけての時代は、A社、B社、C社が大きなシェアをもっていました。分譲者ごとにそれぞれ特徴があり、たとえば「○社のマンションです。バルコニーの手摺の付け根のところに大きなひび割れがあって心配です」とくると、マンション管理の専門家なら「例の○社のアレだな」とピンときます。

(2) 居住者の属性

当時はマンションの居住者の属性は共通していて、年齢、家族構成、所得階層がよく似ていました。子どもが同級生だったり、もともと近所の知り合いだったりで、良好なコミュニティ形成の素地がありました。

しかし、最近のマンションでは、販売戦略として、一つのマンションのなかで、あえて異なる属性の人をターゲットにして売り出します。たとえば、年齢層は2回りくらい、年収も2倍くらいの差がある感じで、この二つの異なる属性の人たちが上層階と下層階に暮らしています。一つの建物のなかに「山の手」と「下町」とがある感じで、この二つの属性は接点が少なく、話もあわないので、なかなか交わりません。前記3社に次ぐD社やE社のマンションではとくにこの傾向が強く、これがそのマンションの属性の一つになっています。

建物自体の特徴に加えて、居住者の属性の傾向を知っておくことは、管理組合の運営や建物の維持管理における問題、課題の抽出、対応の仕方、方向性や解決の道筋を踏み外さないことにつながります。

コラム

マンションの悩み——支援ネットワークをもとう

マンション総合調査に見る「マンションの悩み」

マンションの悩みには、新しいもの、古いもの、普遍的なものがあります。マンション総合調査から見てみると、管理組合運営の将来で一番不安なのが「区分所有者の高齢化」です。次いで「管理組合活動に無関心な住民の増加」、その次の「理事の選任が困難」は高齢化が影響します。「修繕積立金

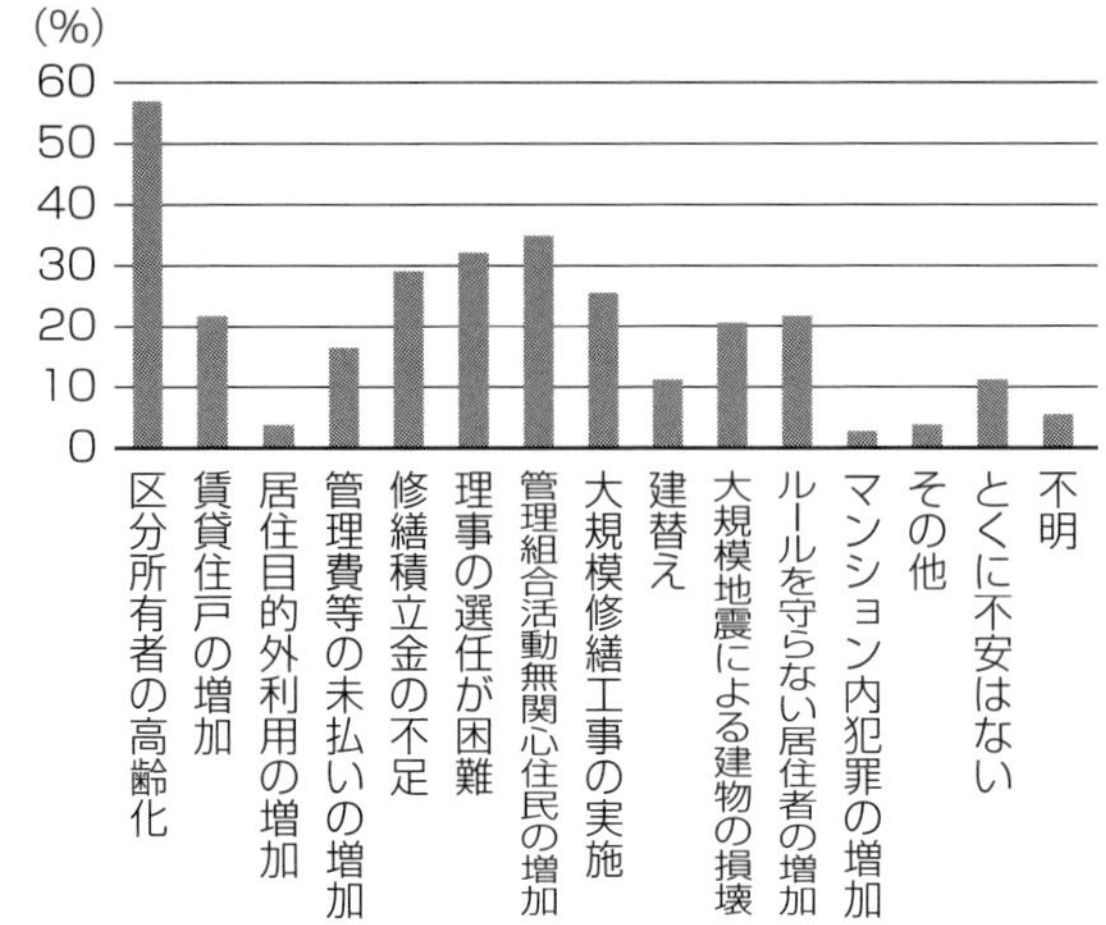

図 28　管理組合運営における将来の不安

出典：国土交通省「平成 25 年度マンション総合調査結果」より作成

の不足」や「大規模修繕工事の実施」も高齢化と関連する内容であり、30年前はあまり考えられていなかった「高齢化」が管理組合運営のネックになりつつあることが明らかになっています（図28）。

「理事の選任が困難」は普遍的な悩みです。これは、若い人は仕事が忙しいし、高齢者は気力、体力的に困難であるなど、どこのマンションでも悩みの種だと思われます。ただ最近は、元気な団塊の世代が定年退職して時間に余裕ができて、管理組合活動の中心を担っていてくれているところも増えています。

ここ20年ほどは理事の選任を輪番制にするところでは、「選任が困難」というより、「管理組合活動に無関心な住民」が順番がきたのでしかたなく顔だけ出す、管理会社お任せになる、ということになっていて、少し問題の質が変わってきているようです。むしろ「若い」定年退職組に活躍してもらうのがよいでしょう。

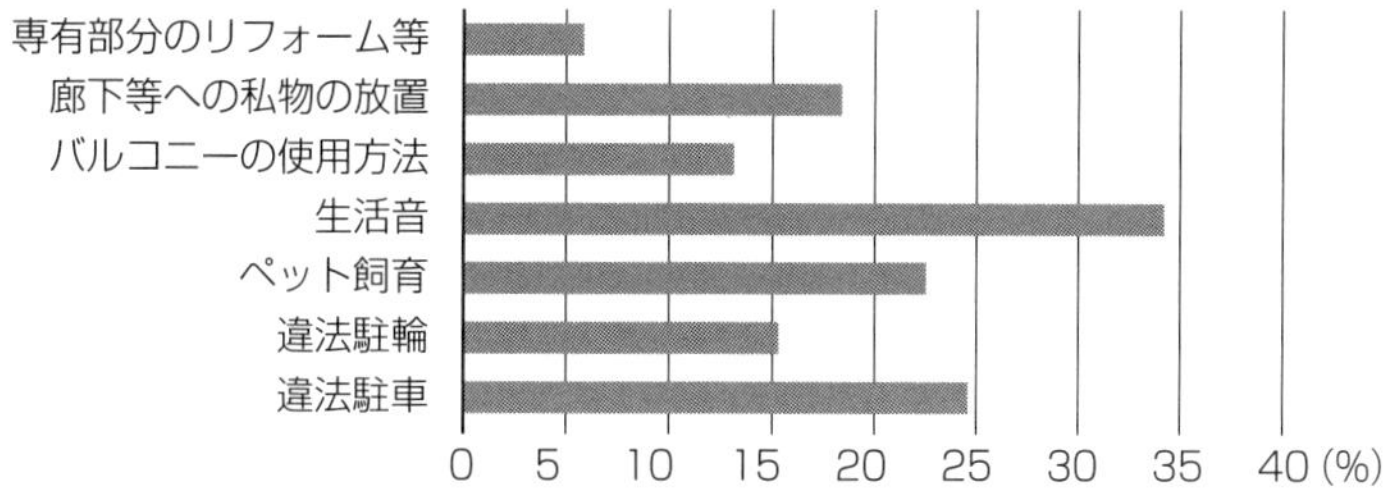

図 29　マンションにおけるトラブル発生状況

出典：国土交通省「平成 25 年度マンション総合調査結果」より作成

マンション3大トラブル――「ペット」「騒音」「駐車場」

共同生活上のトラブルも普遍的な悩みの種です（図29）。昔からマンション3大トラブルといわれるのは「ペット」「騒音」「駐車場」で、マンション総合調査の結果を見ると、減少傾向ですが、今でも「3大トラブル」の地位は明け渡していません。

このうち「駐車場問題」のなかには新しい悩みがあります。これまでは駐車場不足と敷地内の無断駐車の問題がほとんどでしたが、最近は「全戸数分駐車場があるからと駐車場使用料を徴収しないのは、車の有無による不公平が生じるのではないか」とか、「駐車場の空きが増えて機械駐車装置の保守点検費用がまかなえない、機械の廃止はできるだろうか」という、昨今のマンション販売戦略や社会情勢を反映した新しい悩みが加わってきています。

ペットについては、飼育可というマンションが増えていますが、ペット好きばかりが暮らしているわけではなく、ペットのマナー問題は飼育可能なマンションでもトラブルのもとになっています。

管理費等の滞納

管理組合を悩ませる大きな問題の一つである管理費等の滞納

については、1993（平成5）年以降、若干の増減はあるものの、今でも約30～40％のマンションで滞納（3カ月以上）があり、減少傾向とはいえず普遍的な悩みに属するのではないでしょうか。

マンションはいつもなんらかの悩みを抱えています。建築技術者だけでなく、各方面の専門家、管理組合団体など、管理組合を総合的に支援してくれるネットワークをもつ必要があるでしょう。

5　マスターしよう「専有部分」と「共用部分」

（1）「私だけが使う場所」と「みんなで使う場所」

分譲マンションは「専有部分」と「共用部分」という、管理区分の異なる部分が接して存在しています。これはマンションで暮らすうえで、あるいは管理組合を運営していくうえで非常に重要なことで、これを知らなかったり間違えたりすると、かなり大変なことになる場合があります。

「専有部分」と「共用部分」の区分や境界は「区分所有法」で規定されていますが、詳細は書いておらず、国土交通省が提示している「標準管理規約」に少し具体的な例示があります（表4）。

表4　共用部分の範囲

1	エントランスホール、廊下、階段、エレベーターホール、エレベーター室、共用トイレ、屋上、屋根、塔屋、ポンプ室、自家用電気室、機械室、受水槽室、高置水槽室、パイプスペース、メーターボックス（給湯器ボイラー等の設備を除く。）、内外壁、界壁、床スラブ、床、天井、柱、基礎部分、バルコニー等専有部分に属さない「建物の部分」
2	エレベーター設備、電気設備、給水設備、排水設備、消防・防災設備、インターネット通信設備、テレビ共同受信設備、オートロック設備、宅配ボックス、避雷設備、集合郵便受箱、各種の配線配管（給水管については、本管から各住戸メーターを含む部分、雑排水管及び汚水管については、配管継手及び立て管）等専有部分に属さない「建物の附属物」
3	管理事務室、管理用倉庫、清掃員控室、集会室、トランクルーム、倉庫及びそれらの附属物

出典：マンション標準管理規約（国土交通省　平成28年改定）

各マンションの管理規約では「規約対象部分の表示」のなかで「共用部分」として具体的に場所、部位を表示している場合と、「専有部分」を表示して「共用部分は専有部分以外の部分」という表現になっている場合があります。前項のマンションの属性のなかでもっとも重要なものの一つが「管理規約」ですので、これを十分に読みこなすことが大切です。

「専有部分」と「共用部分」の違いは、簡単にいうと「私だけが使う場所」と「みんなで使う場所」ということです。たとえば、自分の住戸の室内の仕上げから内側とその中にある各設備は専有部分で、構造体（コンクリート）は共用部分です。

（2）あいまいな場所「共用部分の専用使用部分」

バルコニー

バルコニーは「私だけが使う、私のもの」と思われがちですが、多くは緊急時の避難経路にもなりますので、専有部分ではなく「共用部分の専用使用部分」と呼ばれるあいまいな場所です。

玄関扉や窓

玄関扉や窓などもあいまいな部分で、明確に規定されていない場合が多く、位置づけとしては「共用部分の専用使用部分」ですが、たとえば玄関扉の内側の塗装は専有部分だから好きな色を塗ってもよいのかとか、窓が共用部分ならガラスを割ってしまっても管理組合が費用負担してくれるのかなどの誤解が生じやすく、大規模修繕工事などのときに悩みの種になることがあります。

最近の玄関扉は塩ビ被覆鋼板製のものが多く「内側の塗装」という概念はなくなりつつあります。丁番（蝶番《ちょうつがい》）や鍵、閉鎖装置などの付属部品は共用部分ではありますが、人によって使い方や頻度が違うので、壊れたら専用使用者が直すという場合が多いようです。

玄関ポーチ
最近は、一戸建て感覚を演出するために、門扉のあるポーチを設けているマンションがあります。このポーチも「私のもの」ではなく「共用部分の専用仕様部分」です。

（3）専有部分のリフォームでは境界を意識する

区分所有者が専有部分のリフォームを計画する場合は、管理規約を確認して「専有部分」と「共用部分」の境界を常に意識する必要があります。リフォーム工事中に共用部分の問題が発見された場合は、管理組合に通知して対応を検討します。

リフォーム工事は専有部分の範疇で管理組合は関与しないことも多いですが、前述のように共用部分と密接に関係することがたくさんあるので、管理組合としては問題が起こらないように一定の関与が望まれます。管理組合のなかには、専有部分のリフォーム工事について管理規約細則で届出を義務づけている場合があり、届け出られた工事内容のチェックを専門家に依頼するのも有効です。

分譲マンションについてよく知っている設計事務所がリフォームの設計をしていれば、あまり問題はないのですが、まちのリフォーム工事業者などで「専有部分」と「共用部分」をあまり理解されていない場合などは注意が必要です。122〜123ページで述べたように、リフォーム工事で問題が生じることがあります。

「専有部分」と「共用部分」は、マンションで生活するうえで、あるいは管理組合を運営していくうえで常について回る重要な概念なので、すべてのマンション住民がマスターしておく必要があります。

8　マンション再生の展望

1　長く快適に住み続けるための改良工事

(1)　新旧マンションの違い

マンションの調査や大規模修繕工事について、これまで順を追って書いてきました。大規模修繕工事は、マンションの建物としての性能や美観、住宅としての価値を維持するために最低限必要なことであり、近年は十数年に一度は必ず必要なこととして、多くのマンション居住者の理解を得て定着してきました。マンション管理適正化法の制定など、マンションを適切に維持管理して長期に住み続けようという国や自治体の政策も、その意識の定着に貢献しています。

しかし、マンションに快適に住み続けるためには、塗装替えや防水改修などの基本的な修繕や改修だけでは十分とはいえません。最近の新築マンションは、たとえばバリアフリーは当たり前、防犯設備は充実しており、エントランスも広くて豪華です。多分に販売戦略の色は濃いのですが、少なくとも30年前のマンションは共用部分だけをとっても見劣りします。

その当時は、とにかくお金になる専有部分をいかに大きくとるか、ということは共用部分をいかに節約するかがマンション設計の最重要ポイントだったのです。私自身も第5次マンションブームの頃、「販売率」とか「有効率」という呼び名で、デベロッパーの営業さんからそれを「もっと高く」と責められながら設計をしていました。

現在では、おそらく業界の圧力によりマンションの共用部分（通行等の用途に供する部分）は容積率に算入しなくてよくなったので、その分エントランスなどの「見せ場」を広くとるようになり、お金をかけるようになりました。また、福祉のまちづくり条例によってバリアフリーが義務化されているなど、法律の改定により半ば必然的に古いマンションとの違いが生まれています。

（2）快適に便利に住み続けるための改良工事

私たちはこのような少し古いマンションの大規模修繕工事の計画の際、不便なところを改良したり足りないところ増やしたり、あるいはちょっとした工夫によって改善するなど、少しでも快適に便利に住み続けるための改良工事を提案しています。

もちろん、これらの改善・改良の提案は、アンケート調査などによる住民からの要望が基礎になります。そして、マンションを見て改善したほうがいいと思う部分のほとんどは、長年生活している住民が日頃感じて気づいているところでもあります。

（3）バリアフリー化への対応

古いマンションでは住民の高齢化が進行しています。図30のグラフは、築30年を超えたニュータウンのある団地（150戸）の築21年目と34年目の世帯主の年齢と世帯人員数の変化を表しています。年齢では70歳以上が、世帯人員では1～2人というのが大幅に増えています。立地やエレベーターの有無にもよりますが、似た条件のマンションでは概ね同様の傾向になると思われます。

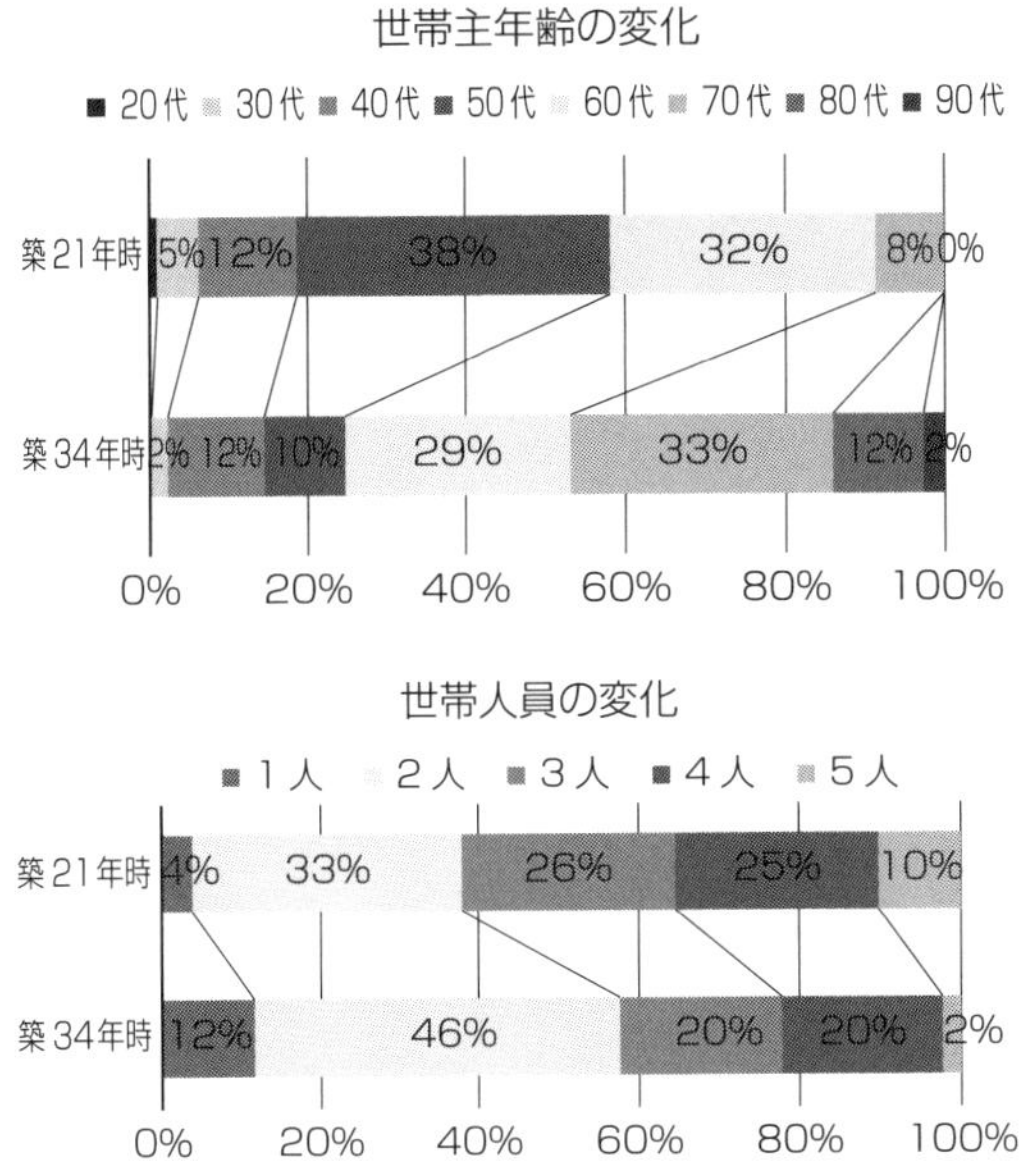

図30　築30年を超えた団地における世帯主の年齢と世帯人員数の変化　築21年目と34年目調べ。団地は5階建て・5棟・150戸

高齢化が進行すると、若い頃にはまったく気にならなかった段差が苦になり、その解消の要望が高まります。100戸程度のマンションだと障がいをもつ車椅子利用者も一人くらいはおられて、段差は致命的です。築30年以上のマンションが増え、大規模修繕工事のなかでバリアフリーに対応するための改良工事をあわせて取り組むことが増えています。

以下にバリアフリーのための改良工事の事例を二つ紹介します。

事例1　二つ目のスロープ設置（各データは2000年時点）

1980年入居、98戸の民間分譲マンションです。都心部に立地しているためか、分譲時からの居住者は34％、途中入居が60％と、比較的入れ替わりが多いマンションです。世帯主の年齢層は50代が一番多く、次いで40代が多く、60歳以上は26％となっており、この時点では突出して高齢化が進んでいるというほどではなく、市の平均的な高齢化率にほぼ近い状態です。

車椅子を利用されている居住者が数名いて、調査診断や改修工事の設計に際して行ったアンケートではスロープの設置を望む声がたくさんありました。南側にある共用玄関へのアプローチには新築時からスロープが設置されており、通常は車椅子でもほぼ支障なく出入りできるようになっているものの、駐車場のある建物北側から共用玄関へは3段の階段（段差約60㎝）を上らなくてはならず、車を降りてスロープのある南側の共用玄関へは、

写真30　建物と駐車場の間の利用されていない三角形の余地に駐車場側から直接共用玄関に至るスロープを設置　上：スロープの入り口、下：折り返しスロープの真ん中に木を植える。

いったん道路に出て建物をぐるりと回り込む必要がありました。

そこで2回目の大規模修繕工事にあわせて、駐車場側から共用玄関に至るスロープをつくりました。敷地の形状、建物と駐車場の配置の関係で、建物と駐車場の間に何も利用されていない三角形の余地があり、そこに折り返しのスロープを設置し、真ん中は木を植えました（写真30）。

事例2　スロープの勾配改良（各データは２００１年時点）

ニュータウンに建つ１６８戸、１９７３年入居の、築後28年が経過した住宅供給公社分譲のマンションです。事例①のマンションよりも高齢化が進行しており、若い障がい者の方も複数名おられ、車椅子利用者が比較的多いマンションです。調査で訪れたときにも、支援学校やデイケアセンターの送迎バスをよく見かけました。

このマンションは前面道路から駐車場を経て共用玄関にアプローチしますが、駐車場と共用玄関のレベル差が２・５ｍ以上あります。新築時からスロープが

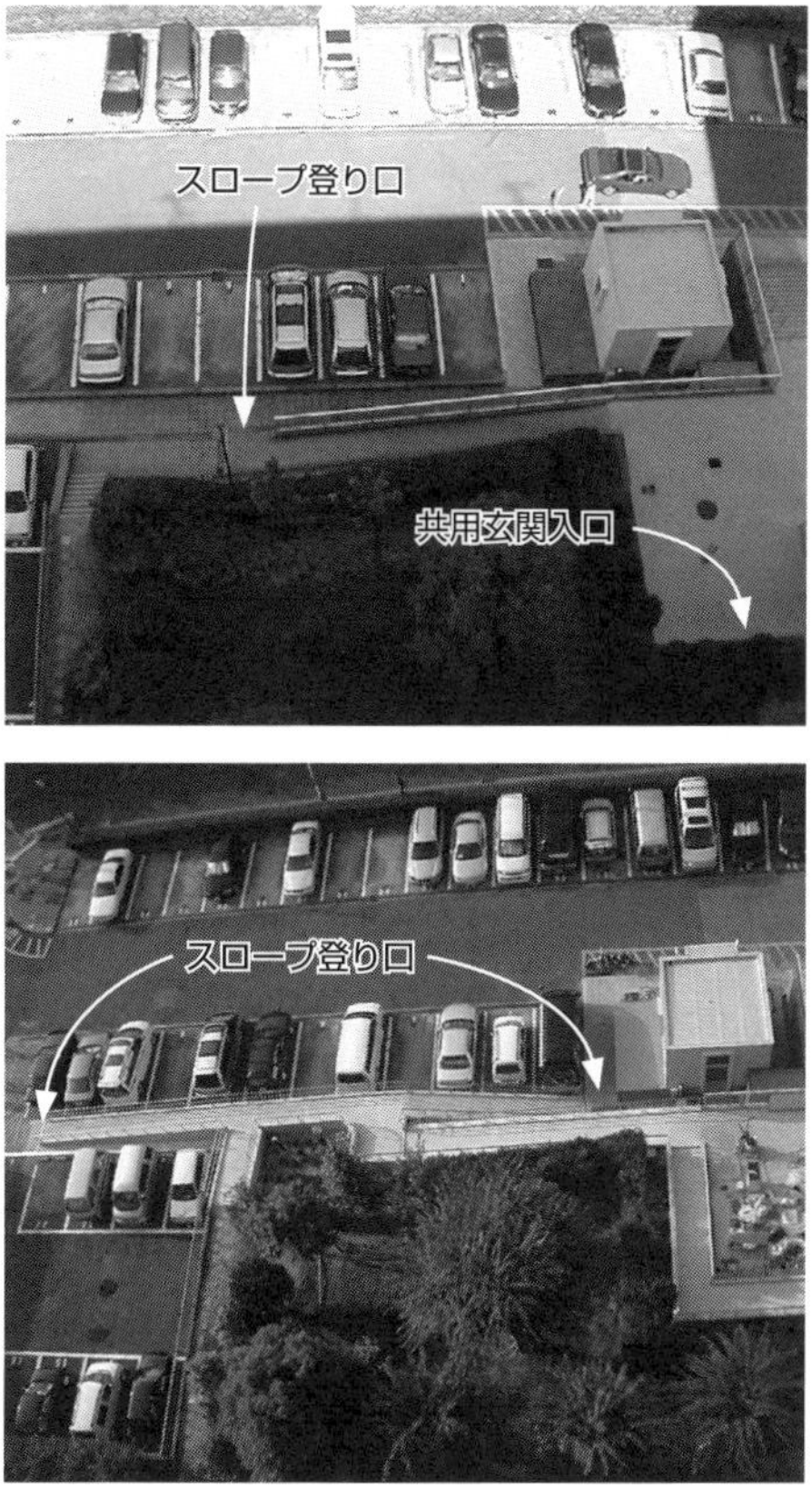

写真31　自力で車椅子走行ができるスロープに改修　上：改修前の勾配1/8のスロープ。下：改修後の勾配が1/16～1/20のスロープ。

設置されていたものの勾配は１／８程度と急で、とても車椅子の利用には耐えられません（写真31上）。実際、スロープを下るときに介助者が後ろ向きになって車椅子を押さえながら進む光景をよく見かけました。「福祉のまちづくり条例」ではスロープの勾配は１／12以下とされています。これでも、介助者がついている場合はなんとか可能ですが、自力で車椅子走行ができる勾配ではありません。

そこで第２回目の大規模修繕工事にあわせて既存のスロープを延長し、勾配が最大１／16から最小１／20のスロープへと改修しました（写真31下）。完成後、介助者は前向きで車椅子を押してスロープを下り、若い車椅子の障がい者の方が自力でスロープを上る姿も見られるようになりました。

大規模修繕工事にあわせて、小さな段差解消から長いスロープの設置まで、私たちはたくさんのマンションでバリアフリー化に取り組んできました。なお、自治体によってはバリアフリーの改良工事に補助金や融資の制度があるので、バリアフリーの検討の際には自治体に話を聞きに行きましょう。

2　若者に住み継がれるマンションづくり

次の若者世代に「住み継がれるマンションづくり」を目指す改良工事を紹介します。

比較的若い人たちがマンション購入を考えるときは、中古より新築のマンションを対象にすることが多いようです。30年前と最近のマンションとの大きな違いは、バリアフリー以外には、①防犯設備・施設の充実、②住宅設備機器類の充実、の2点に集約されます。

①の防犯設備の代表はオートロックで、それに伴う集合テレビインターホン、宅配ロッカーなどです。オートロックは1990（平成2）年頃から普及し始め、今では普通となっています。オートロックは万全ではありませんし、災害時の避難に課題もありますが、空巣や暴漢、押売りの侵入を減少させる効果はあり、一定の安心感につながっています。

②の住宅設備機器の代表は、「床暖房」「浴室換気乾燥暖房機」「電磁調理器（IHヒーター）」の3点セット――三つあわせて「ゆかだん、よっかん、あいえいち」と呼んでいます――で、これも最近のマンションでは当たり前で、広告で大々的に自慢するほどのことではなくなっています。

これらはいずれも販売戦略、メーカーの押し付けの結果で、おせっかいも甚だしいものです。このような豪華な付録を付けても販売価格が上がらないのは、土地価格の下落、建築工事費の下落（ダンピング）と機器メーカーのゼネコン納入価格のダンピング、通行の用に供する共用部分の床面積の容積率不算入による販売面積比率の増加などによるものです。

このような設備のついたマンションが、これからのモデルとして推奨されるものではありません。しかし、次世代に引き継がれるマンションづくり、ストックの有効活用という視点からは、前項のバリアフリーと同じように必要なものは一定程度取り入れていくことも検討してみましょう。

事例 築30年時にオートロック化

高まるオートロック化の要望

1981(昭和56)年に分譲された25戸(うち店舗4区画)の都心のマンションです。最近のマンションに比べると共用玄関は非常に狭く、オートロックを付加するのに向いていませんでした。外部からの出入口は両開きのガラスドアですが、ホールが狭いためかほとんど常時開放されており、防犯性が高いとはいえません。車椅子の住民がいることも常時開放している理由の一つでした。

住民同士のコミュニティは良好で、近所の商店街で商売を営んでいる人もいて町内会とのつながりもあり、最近ありがちな地域と断絶したマンションではありません。また、駅に近いこともあって古いマンションの割に若い世代も暮らしています。いつも誰かが玄関前の掃除をしていたり植栽の手入れをしていたりで、高齢世代が子どもたちを見守りながら外来者はそれとなく監視されているという良好なコミュニティ環境です。来訪者には知り合いであろうとなかろうと「こんにちは」と挨拶します。もし、よからぬことを考えている来訪者なら、「面が割れた」状態になり、防犯カメラよりもよっぽど抑止力になります。

それでも、訪問販売業者が出入りして高齢の住民が脅かされる、エレベーター内で子どもがいたず

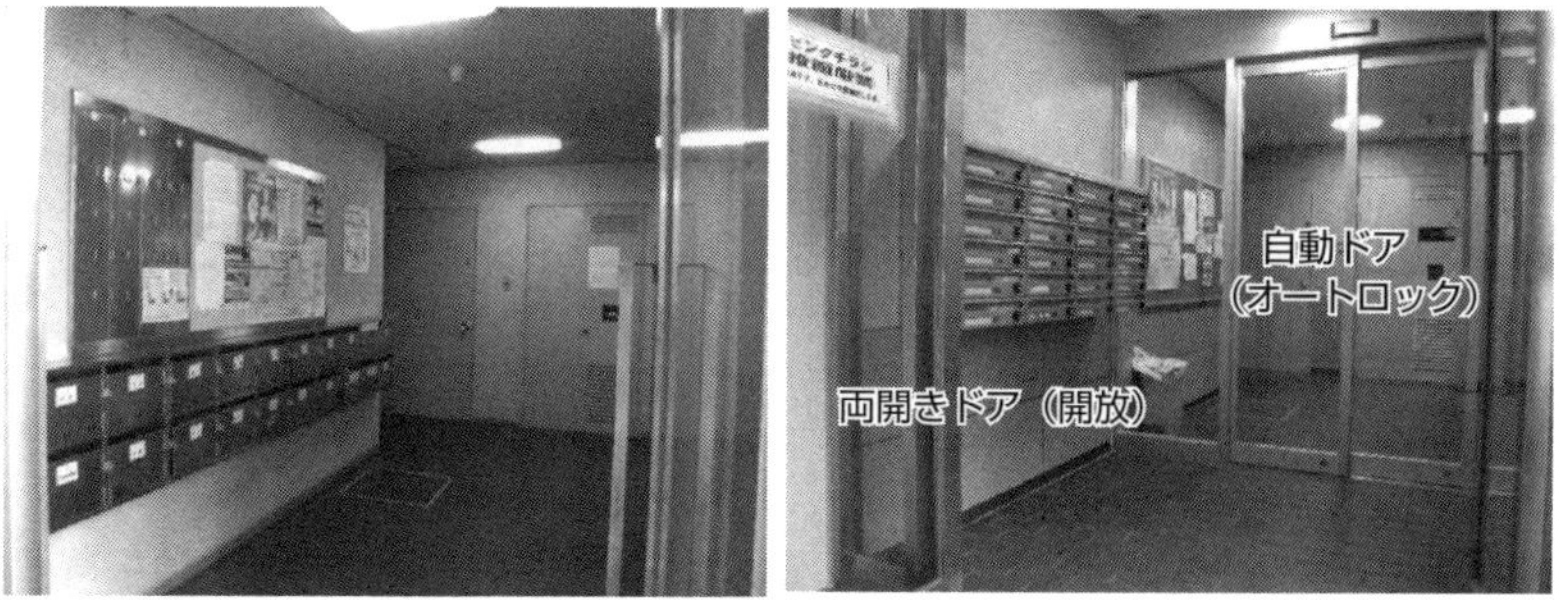

写真 32　築 30 年のマンションの狭い共用玄関をオートロック化して防犯性を高める　左：改修前、両開きのガラスドアは車椅子の住民がいることもあって常時開放されていた。右：改修後、両開きドアは従来どおり開放とし、内部に自動ドアを新設。

ら被害に遭うなどの事件が起き、オートロックの要望は高まっていました。

2回目の大規模修繕工事でオートロック化

そこで2回目の大規模修繕工事でオートロック化に取り組むことになりました。外部の両開きドアをロックすると集合インターホンが外部になり車椅子の人には不便なので、内部に自動ドアを新設し外部の両開きドアは従来どおり開放することにしました。

狭くても前室を設けてその壁面に集合インターホンを設置し、反対側の壁面に集合郵便受けを新しく設置しました。間口が狭いため2枚引込みの自動ドアにし、オートロックの開錠方法は車椅子でも支障のないリモコンとしました（写真32）。

オートロック化に伴って全住戸のインターホンの取替えが必要になり、またこの大規模修繕工事では各戸の玄関扉も取り替えたため、居住者が在宅していなければならない工事が多くなりました。塗装工（玄関枠）、建具工（玄関扉）、大工（室内天井点検口）、電気工（インターホン）の4工種をうまく組み合わせて在宅日数をなるべく少なくするなどの工夫が必要でした。こういう工程を施工者任せにせず、住民の負担をなるべく少なくする工程を工夫するのも、施工者を指導するのも私たちコンサルタントの役割です。

新婚夫婦の入居

大規模修繕工事が竣工する頃、1戸だけあった空き家に新婚夫婦が入居し、竣工パーティーに参加されました。「新しくみなさんの仲間に入れていただくことになった○○です。新築マンションを探していたのですが、このマンションを見つけられてよかったです。きれいだしオートロックだし、玄関扉も新品で鍵が二つだし、みなさんいい方ばかりでうれしいです」との挨拶に、先住民も大喜びでした。

新聞受けの問題

既存マンションにオートロックを付加するときにいつも問題になるのは、停電時の問題のほか新聞配達です。これまで各戸の玄関ドアポストに配達されていた新聞を1階の集合ポストまで取りに行かなければならなくなるので、これにはかなり抵抗があります。

共用部分の変更にあたるので特別決議（3／4以上）での総会承認が必要となる場合もあり、時の理事会は相当の覚悟をもって総会に臨む必要があります。長所・短所を事前に住民に十分説明すること、ていねいな総会資料の作成など、私たちコンサルタントの役割も重要です。

事例　ようやく手に入れた集会室

会議場確保の苦労

マンションの集会室は、理事会などの会合をはじめ、管理組合活動に欠かせないものであり、子ども会活動やふれあい喫茶などの福祉的活動にも活用されるコミュニティの要といえます。マンションにとって重要な役割をもつ集会室ですが、すべてのマンションに設置されているわけではありません。規模の大きい公的分譲の団地には集会所が別棟で設置されていますが、規模が小さい団地や、単棟で住戸数が少ないマンションでは公的分譲マンションでも集会室がない場合があります。また、民間分譲マンションの場合は規模が小さい（戸数が少ない）と集会室がない例が多く、あっても申し訳程度の狭いものだったりします。

これは集会室の設置が法律で義務づけられているのではなく、多くは自治体の開発指導要綱などで設置を指導しているのみで、設置指導対象外の小規模マンションは分譲者の裁量に任されているためです。

分譲者はなるべくたくさんの床面積を売りたいために、集会室などの売れない共用部分はなるべく減らそうとします。新しいマンションでも、エントランスは豪華で広いけれども集会室はないというような、管理組合活動やコミュニティ活動を軽視した利益優先、見せかけ重視の分譲者の意識は今も昔も変わりません。

集会室のないマンションでは、近くのファミリーレストランでドリンクバーを注文して理事会を開いたり、理事長の自宅で、さらにはエントランスに机と椅子を並べて理事会をしたりしているという場合もあります。豪華なインテリアのエントランスに化粧合板の会議机とパイプ椅子ではなんとも様になりません。

以下は、そんな集会室のないマンションで、築30年を超えてようやく集会室を手に入れたマンションの取組みを紹介します。

管理人室で理事会

都心部の駅から徒歩10分くらいのところにある1980（昭和55）年入居の98戸のマンションです。入居当初から自主管理で、最近ではほとんどなくなった住込み管理人を直接雇用していました。管理人室は、1坪ほどの事務室部分を除いて住居部分は2DKの間取りです。集会室がないので毎月の理事会は管理人室のDKで行われており、管理人さんは会議に出席することもありますが、多くの場合、会議中は別室で静かに終わるのを待っていました。

管理組合の総会や、いろいろな説明会などの人数の多い会合は徒歩5分程度のところにある、市立の会館を借りて行っていましたが、予約が大変で、朝早くから並んで予約をしに行くのは役員さんの仕事です。予約が取れないと総会の日程が決められず、いつも大変でした。

廃案になった集会室増築計画

そこで、築20年を経た第2回目の大規模修繕工事にあわせて集会室増築が計画され、行政との増築についての協議や具体的な設計を行い、総会で諮《はか》られました。

集会室増築は共用部分の変更となり、3/4以上の特別決議となりますが、当時このマンションではペット問題が最大の課題であり、マンション住民を2分する大混乱のさなかで、集会室どころではありませんでした。規約でペット飼育は禁止されていますが、かなり多くの人が犬猫を飼育しており、時の理事会は「現ペット一代かぎり、以後完全禁止」を提案し、大紛糾しました。その結果、ペット問題がそのまま反映し、ペット完全禁止反対＝集会室増築反対となってしまい、集会室計画はあえなく廃案となりました。集会室の夢は途絶えたかに見えました。

管理人室を改修して集会室に

それから10年後、いつも総会などで利用している市立の会館で、次の大規模修繕工事に先立つ調査診断結果の報告会が開催されました。会の終わりに理事長が「この会館は今年度末で閉館になりますので、今日の報告会がここで開催する最後の集まりになりました。今後は、隣町の自治会館で総会などを行いますので、少し遠いですが、みなさんよろしくお願いします」と閉会の挨拶をされました。

入居以来、自主管理を続けてきましたが、築30年を超えて居住者の高齢化が進行し、数年前に委託管理に変更されました。そして前回の大規模修繕工事から12年が過ぎて3回目の大規模修繕工事を迎えました。委託管理に変更されたので管理人さんは通勤になりました。そこで使用されなくなった管理人室の住居部分をワンルームに改修して集会室にすることになり、今度はすんなりと総会で承認されました。改修設計の主な課題は以下のとおりです。

①これまで管理事務室を通り抜けて部屋に入っていたのをエントランスから、直接入れるようにする。

②できれば総会ができるようにする。

写真33　築30年を超えてようやく手に入れた集会室　上：集会室。下：収納スペース。

③理事会などの小会議は半分に仕切って行う。

④書類や、椅子、机をすっきり収納できるようにする。

この98戸のマンションでは、総会などの住民全体の集まりに概ね30～40人が出席します。椅子だけにすれば最大40人が収容できるように、既存の水回りなどを整理して広いワンルームにしました。中央に可動間仕切りを設置し、側面は壁面を収納にして、書類、椅子、机がうまく収まるように収納の中の仕切りや棚を工夫しています（写真33）。

この部屋は「集会室」ではなく、マンション名を冠した「Cルーム」と名付けられました。今後のコミュニティの核としての役割が期待されます。

3 事例 大規模修繕から改修・再生へ
――築40〜45年を迎えた団地の取組み

本書は、マンションを適切に維持管理し、修繕、改修を積み重ねていくことで長く快適に住み続けよう、という考え方で書かれていますが、建替えを全面的に否定するものではありません。物理的、社会的な必然性があり、区分所有者の総意で進められ、周辺環境に対して悪影響を及ぼさない、あるいは環境改善に役立つ建替えは推進すべきでしょう。

しかし、必然性の有無にかかわらず、バブルの時代に「タダで建替え」という幻想がふりまかれて以来、漠然とした圧力により、建替えを意識せざるを得なくなっている築30年以上のマンションがたくさんあります。

(1) 建替えか、修繕か、あるいは再生か

建替えの圧力に押されるマンションからの要請

1970(昭和45)年に万国博覧会が開催され、この時期にあわせて開発されたニュータウンの団地が築40〜45年を迎えています。ターミナル駅に近い団地のいくつかは建て替えられました。この周辺のマンションは都心部よりも2〜3割高い値段で売れる根強い人気があり、建替え事業の組立てができる希少な地域です。

このターミナル駅から徒歩約11分の高台に、住宅供給公社が1969年に供給した3棟からなる自主管理の団地があります。二十数年前から、私たちが2回の大規模修繕工事の設計監理や長期修繕計画づくりに関わってきた団地です。その団地から2010（平成22）年に、「建替えか、修繕か、団地の将来を考える委員会を立ち上げて検討している、次（第4回）の大規模修繕工事までに今後の方向性を提示したい、ついては建替えを含めて今後の進め方、取組み内容などについて提案してほしい」という要請がありました。

「建替え」「修繕」、第三の道「再生」を提起

私は「建替え」「修繕」に加えて第三の道として「再生」の三つの方向性を提起し、総合的に検討したうえで進む道を選択しましょう、と提案しました（「建替え」も「再生」の意味に含めるという考え方もありますが、ここでは別のものとして扱っています）。余談ですが、当初はそれら全体（建替え、修繕、再生）を総合的に計画・提案するコンサルタントの依頼になりそうだったのですが、私が「コンクリートは100年以上、200年でも300年でももつ」と言ったことが建替え派の逆鱗に触れ、「アイツは建替えのコンサルタントとしては不適格である」というレッテルを貼られ、建替えは別の大手設計事務所で、修繕、再生計画を私たちにということになりました。

建替え圧力が比較的高い団地

この団地では2007（平成19）年頃から建替えの検討を始めており、2010年には「建替えを検討する（検討委員会などを設置する）」ことを承認する総会決議を行っています。国土交通省の建替えマニュアルのステップ1をクリアした段階です。

先に述べたとおり、ここは人気の地域で、この団地の取引価格は２０１０年頃でも当初の分譲価格の5~6倍が相場で、建替え派は事業計画に自信をもっています。建替え目当ての投機的所有者を含む外部区分所有者が30％に及び、建替えの圧力が比較的高い団地です。しかし、建替え計画担当の設計事務所が耐震診断を行い、耐震性は確保されているという結果が出たので、建替えの動きが一気に加速するということにはなっていません。とはいえ、周辺の団地の建替えが進んでいくのを見て、「ウチは取り残されている感じがする」という焦りのような意識もあり、「修繕・改修・再生」という提案が素直に落ち着いて受け入れられる土壌があるとはいえない状況でした。

(2) 改修・再生計画のワークショップ

みんなで団地を見て回る

私たちはこの団地で、ワークショップをしながら、委員会と一緒に改修・再生計画づくりを行いました。委員会には建替え推進派とそうでない人の両方がいますし、どちらでもない人もいます。会合では、建替え派に敵対せず、改修・再生派を持ち上げないように気をつけていますが、建替え派の人の話にはついつい反論してしまいます。なるべく、どちらでもなさそうな人の顔を見て、話や説明をするようにしていました。

1回目のワークショップは、みんなで団地を見て回って、いいところ、好きなところ、よくないところ、不便なところ、改善が必要なところをピックアップしました。この団地は周辺より一段高い土地に建っており、しかも隣は小学校や公園で、良好な環境がある程度担保されています。一方、敷地内には段差があって、隣の棟へ行くのに階段を上がらなければならないとか、集会所がなくて会合のたびに近くの会館を借りなければならないという不便さがあり、この課題は20年以上前から変わっていません。

現地ワークショップの後、その会館に移動して、二十数年前に私がつくった集会所増築のスケッチや段差のない団地内回遊緑道計画、使わなくなったダストシュートのスペースに宅配ボックスを設置する提案などをスライドで写しながら、「この案は20年前、ここで行われた総会で否決されましたね」というと、当時の理事長が「3／4は厳しかったね、私は実現したかったのだが時期尚早だったのかな」などと、昔話を交えながらワイワイと盛り上がりました。

アンケート設問の作成

2回目は、住民アンケートに向けて、委員会でアンケート回答ワークショップを行いました。設問案を説明しながら委員に回答してもらい、設問の意味がわかるか、答えやすいか、などを検証してアンケート設問を完成させ、住民アンケートとして実施します。

ここで気をつけたのは、タイトルは「改修・再生計画づくりのためのアンケート」としていますが、建替えを否定せず、アンケート結果は建替え計画づくりにも反映できることを強調し、建替え推進派や外部区分所有者にも答えてもらえるようにしました。

設問の内容は、団地内の環境や共用部分に対する満足度、この団地での暮らしをよりよくしていくために必要なもの（こと）、住戸内での満足度などを聞いています。

また、「普段、どこから団地に入って、どこを通って家に帰りますか」とか、「井戸端会議はどこでしていますか」などを、配置図に書き込んだり、シールを貼ったりしてもらうという設問もつくりました（これはなかなか盛り上がりました）。

当然ながら建替えの賛否には一切触れず、みんながいいと思っているところ、残したいと思っているところと、改善が必要なところを浮き彫りにして改修・再生計画のなかに盛り込みました。建替えでなくても改善できること、建て替えるとなくなってしまうけれども改修・再生ならいいところを残して生かせることを表現するのがねらいです。さらに住戸内の課題をつかみ、専有部分にも踏み込んでいきます。

いいところを残して不便なところを改善する

アンケートの結果、この団地の一番の不満は住戸内の「水回りの不便さ」で、とくに洗濯機の排水口がない（お風呂にホースを伸ばして排水している）ことです。次いで「窓サッシ老朽化」「上下左右の遮音性の低さ」となっています。満足していることは「日あたり」「風通し」「窓からの見晴らし」という項目で、住宅としての基本的な環境には満足していることが明確に現れました。

希望する施設、設備などは、第1位が「集会所」、2位グループは「エレベーター」「防犯カメラ」「カメラ付インターホン」、3位グループは「防災施設」「宅配ボックス」「洗車スペース」です。サービスという点では「委託管理」を望む声が比較的多くあり、「高齢者サービス」や「サークル活動」などの要望もありました。

残したい住環境は「ゆとり、緑、採光、通風」で、満足していることを残したいのは当然の結果です。また、「好きな場所」「危険と思う場所」「井戸端会議をする場所」「家に帰るルート」などを、配置図にプロットしてもらうと、傾向がはっきりと表れ、外廻りの改修計画に大いに役立ちました。

私たちは、この結果を総合的に盛り込んだ団地全体の改修案や住戸内の多様なリフォームプランを提示してワークショップを行い、さらに意見を出してもらって、「いいところを残して不便なところを改善する」という方針で計画案をまとめました。

（3）改修・再生に向けた三つの計画

アンケートやワークショップをもとに組み建てた計画案は、合意形成、資金計画、実際の工事の難易度などによって、以下の三つのレベルの案としてまとめました。

計画レベル—1

既存（2007〈平成19〉年作成）の長期修繕計画に、比較的容易に実現できる改善・改造を盛り込んで見直した計画案で、サッシの改修や電気容量アップ、段差解消（敷地内のバリアフリー）を盛り込み、築74年までに2回の大規模修繕工事を含んだ長期修繕計画としました。

計画レベル—2

レベル—1に加えてアンケート、ワークショップで出された要望を可能なかぎり取り入れながら、現在の修繕積立金でまかなえて、合意形成、実際の工事の点でも実現の可能性が比較的高い内容を盛り込んだ計画案で、集会所新築とそれに付随させて防災施設の整備、外構廻りを全体的に見直して歩車分離を行い、井戸端会議のための小さなたまり場や多目的駐車場を整備、法面を一部造成してバス停への近道もつくっています。もちろん、みんなの「好きな場所」は残す前提です。

また、懸案の洗濯機の排水問題は、外壁に共用の雑排水竪管を新設して、各戸の希望により住戸内のリフォームにあわせて接続できるようにします（住戸内リフォームは個人負担としています）。これは当時、他の団地で工事中の実例がありました。

これらを計画レベル―1の長期修繕計画にプラスして盛り込み、現行の修繕積立金で概ねまかなえる形でまとめました。

計画レベル―3

新たな資金調達が必要であり、現時点では合意形成を含めて実現性については未知数であるエレベーター増設や、住戸の増築、自然エネルギー利用などを盛り込んだ計画案は、建替えの大きな理由である、エレベーターがない、部屋が狭い、という問題の解決を試みたものです。

これまで管理組合が実施した建替えに関するアンケートでは、3割程度の住民が「今のままでよい」という結果が出ていることもあり、3棟全部にエレベーター増設や住戸の増築を行うのではなく、各棟の配置（敷地内の高低差や隣棟間隔による）条件と平面的な特徴（南入り棟、北入り棟）を生かして、三つの棟を「現状維持棟」「1部屋増築棟」「エレベーター増設棟」として改修の計画案をつくりました。

この計画レベル―3は、一見、実現困難な計画に見えますが、建替えに対抗する計画として多様なニーズに応える有効なものではないかと考えています。すなわち、今のままでよい人は「現状維持棟」に、家族が多い若い世代は「1部屋増築棟」に、エレベーターがないと困る人は「エレベーター増設棟」に、それぞれ必要に応じて移転するという想定としました。この手法には、大阪のS市にある1970（昭和45）年竣工の公団分譲団地で15棟のうち5棟を増築することによって、団地内転居や若い世代の転入が促進され、年齢構成のバランスが保たれているという実例があります。

ただし、この計画レベル―3は、たとえば「エレベーター増設棟」は住戸の玄関の位置を変えて既存の階段部分を住戸に取り込むので全面リフォームが必要になり（専有面積も増える）、工事中の転居が必要になります。また「1部屋増築棟」の場合も専有面積が増えるため、現在の法律ではいずれも全員同意が必要であり、合意形成には建替えよりも大きな困難が予想されます。

改修・再生計画の住民説明会

この改修・再生計画の住民説明会を開催したところ、50名近い参加者があり、これは普段の管理組合総会よりも多いとのことで、関心の高さがうかがえました。説明会には当然、建替え推進派の人たちも参加していて「建替えればそんな難しいことをしなくても一挙に解決する」という意見も出ましたが、説明会後に寄せられた感想文のなかには「感激した。現状を生かして三つのバリエーションをつくる案には大賛成」「あらためて団地のよさを実感した。夢がもてた」という意見もありました。

（4）建替えか改修・再生か、計画の比較説明会――ここからが本番

還元率は刻々と変化する――資金計画の比較

翌年には、建替え計画と、改修・再生計画の比較説明会が開かれました。ここでは、建替えの事業計画と改修再生事業計画の資金計画やプランを含めて比較して具体的に説明されました。

建替え事業の資金計画は昨今の建設費の高騰を背景に安全側に設定されていましたが、建替え急先

鋒の住民の「還元率*の設定が低い。近隣の建替えでは還元率150％の実績がある」という少し焦りの見える意見が出て、「えっ、150％!?　それなら私も建替えがいいわ」と中立派に影響するという、少し危ない兆候が見られました。

*還元率：建替え前の面積に対して建替え後に負担なく取得できる面積の割合のことで、「無償で取得できる新しいマンションの専有面積」÷「建替え前のマンションの専有面積」により算出される。

還元率は刻々と変化し、デベロッパーの査定は厳密ですし、儲からなければ撤退します。おいしい話に影響されて浮動票を集めても、実際にふたをあけてみないとわからないのが建替えです。最後に悲しい結末にならないように冷静に考えることが大切です。

建替えでみんなが幸せになれるか、建替えに向かって突き進んで挫折したときに荒廃した団地にならないためには今何を考えるべきか、住民は非常に重大な岐路に立たされているのです。

「建替え決議」はなかなか困難

次の段階である「建替え推進決議」に向かって進むかどうか、この比較説明会の後に住民アンケートが行われました。回収率は約78％、回答者のうち空き家を含む賃貸化住戸が4割弱で割合的には以前より少し増えている感じですが、自己居住（居住している）で建替えに賛成しない区分所有者がアンケートに答えていないと見ることもできました。

建替えか改修・再生かについては、「自己負担の大小にかかわらず建替え」と「可能な範囲の自己負担なら建替え」をあわせた建替え希望が約55％、改修・再生は25％弱です。賃貸化住戸では8割以上が建替え希望ですが、自己居住区分所有者の建替え希望は4割程度で改修・再生を少し下回っています。また、年齢層が高くなるほど建替えよりも改修・再生を望んでいるという傾向が見られました。この状況では、おそらく「建替え推進決議」は過半数なので可能かもしれませんが、４／５の賛成が必要な「建替え決議」は困難ではないでしょうか。

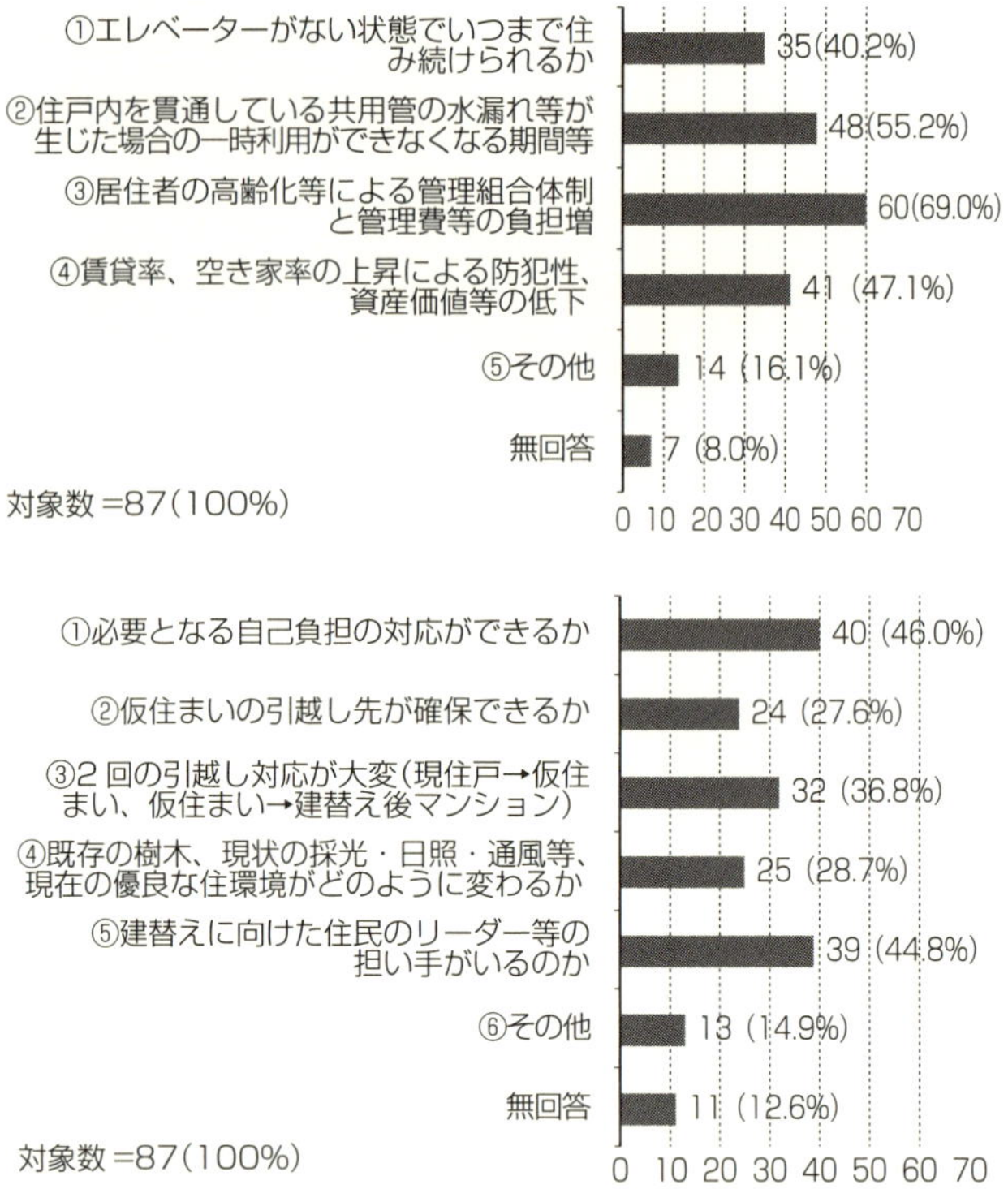

図 31　住み続けることになった場合の不安（上）、建替えることになった場合の不安（下）のアンケート結果

どちらの場合も高齢化が課題

このアンケートでは住み続けることになった場合の不安、建替えることになった場合の不安も聞いています。住み続ける場合の大きな不安は高齢化に関わることで、建替える場合についても費用負担、転居、建替え推進のパワー不足などやはり高齢化を要因とする不安です（図31）。

建替える場合でも、改修・再生を進める場合でも居住者の高齢化が課題になります。マンション全体の高齢化が進んでいるのが現状ですが、なんとか、若い人が転入してくるマンションづくりを促進し、多世代が暮らすコミュニティをつくっていくことを考えたいと思います。

4 事例 災害に強いマンションづくり
——980戸のYマンション

1995（平成7）年の阪神淡路大震災以降、東日本大震災、熊本地震をはじめとして大地震が頻発し、大きな被害をもたらしています。しかし、マンションの耐震改修は思うように進んでいません。誰しもが耐震化はしたほうがよいと思っていますが、費用の問題や実際の耐震改修工事のことを考えるとなかなか決断できません。そんなマンションはたくさんあります。

私たちは技術者として「とにかく倒れないように補強しましょう。その前に耐震診断をして、どこにどの程度の問題があるかを確認しましょう」と訴えます。

以下は、市街地の大規模マンションで、大きな災害に備えて、あるいは災害に見舞われたら、マンション住民は、管理組合は何をどうすればよいのかをみんなで考えた取組みの紹介です。

（1）行政や近隣町会とともに見学や勉強会

「マンション管理適正化・再生推進事業」

東日本大震災の2年後、国土交通省から「マンション管理適正化・再生推進事業」の募集がありました。その募集要項には「東日本大震災により多くの分譲マンションが被害を受け、マンション住民の生活継続が困難な状況に陥りました。今後予想される大地震の発生に備えて、災害時の生活維持のための体制整備や改修だけでなく、被災時におけるマンションの社会インフラとしての重要性に鑑み、被災時における避難先として活用するための計画の策定等が必要となってきています」とあり、事業の目的の一つとして被災時における生活維持とマンションの地域における役割を掲げました。

私たちはこの目的にそったテーマである「被災時のマンション生活維持のための環境整備に係る事業」に応募して採択されました。前年に耐震診断と長期修繕計画策定の支援を行ったYマンションを対象に「災害に強いマンションづくり」と称して、管理組合のみなさんと一緒に勉強や体験を通じて計画づくりを行いました。

耐震・防災面の問題点

Yマンションは、1973（昭和48）年竣工の7棟980戸の大規模な団地です。市の補助金を受けて行った耐震診断の結果、全体的には旧耐震基準のラーメン構造の一般的な性状を示していますが、各棟の1階がすべてピロティになっていて、予測はしていましたがピロティが極端に弱いことが明らかになり、そのために「ごくまれに発生する大地震に対して倒壊、崩壊する可能性が高い」という判定になりました。

防災の面では、消防署に提出している消防計画書と体制表はありますが、安否確認をはじめとする災害時の活動体制、被災後の生活維持の計画や、それに必要な施設や設備が整っておらず、被災後のマンションでの生活維持継続は想定されていません。

自分たちのマンション内のことだけにとどまらず、団地の規模が大きいため、現状のまま被災した場合に避難場所や支援物資などの面で、周辺地域や自治体に大きな負担を与えてしまう可能性があります。逆に、耐震補強を行い、被災後の生活維持継続のための施設整備を行うことにより、広い敷地を活かして、事業の目的の一つである「災害時における避難先としての活用」が可能になります。

住民参加で計画づくり

このような現状を前提に、管理組合のみなさんと一緒に見学会や勉強会、ワークショップを通じて、災害の備えとしてできること、災害時にみんなでできること、地域のなかで一緒にできることはどんなことかを検討し、「災害に強いマンションづくり」の計画をつくっていきました。具体的には、以下のような活動を行いました。

①ピロティの耐震補強を実施したマンションの事例見学と、当該管理組合役員などとの懇談
②自主防災マニュアルを策定した大規模マンション管理組合の防災委員長を招いての勉強会
③行政（市と区）の防災担当者を招いての勉強会
④マンション内と周辺地域を歩いて「防災環境を知る」ワークショップ
⑤現状を把握したうえで、災害時の実際の行動や必要な施設などを考える「防災環境を生かす・つくる」ワークショップ
⑥安否確認や周辺地域のみなさんにも参加してもらっての炊き出し訓練など、「防災環境をためす」ワークショップ（写真34）

これらの活動を通じて区役所とのつながりや周辺地域とのつながりもでき、実際の災害時にはこれ

らのつながりが大切であることが実感できました。とくに、⑥のワークショップには隣町の二つの町会長さんも参加してくれたことや、炊き出し訓練で、アルファ米を参加者に配給する作業を、マンションのおばちゃんと近所のおばちゃんが協力して生き生きとやっている姿には感動しました。

写真34 「防災環境をためす」ワークショップの炊き出し訓練

(2) 無理のない三つの具体的な計画で

この事業の開始にあわせて、管理組合の理事や計画修繕委員、居住者有志で「災害に強いマンションづくり計画」検討委員会を立ち上げ、前記の勉強会やワークショップと並行して、計8回の検討会を開催して検討を進めました。そのなかで「災害に強いマンションづくり」のために必要な、「第1次耐震補強計画」「災害時生活維持継続計画」「長期修繕計画見直し」の三つの具体的な計画を検討しました。

第1次耐震補強計画

耐震診断の結果、大規模な補強の必要性が判明しました。しかし、補強工事にかかる費用が莫大であること、工事による生活への影響が大きく合意形成は困難であることが予想されました。そのため、段階的に補強を実施する計画とし、第1段階は建物の倒壊、崩壊の危険性を低減し、人命保護に資することを目的として、ピロティ形式の1階部分の補強を中心とした「第1次耐震改修」の基本計画を策定しました。この補強により「倒壊、崩壊する可能性が高い」から「危険性がある」に判定がワンランク上昇します。

災害時生活維持継続計画

Yマンションでは毎年消防訓練を行い、消火、避難の訓練やAEDの使い方の講習などを実施し、消防署にも消防計画書や防災体制表を提出しています。それに加えて今回の勉強会やワークショップを経て、以下の二つの事項を「Yマンション災害時活動基本方針」に定めました。

①できるだけ多くのマンション居住者の安否を確認し、人的被害を最小限に抑える。

②災害発生後も、マンションで生活を継続させる。

これにもとづいて、災害発生直後の安否確認活動から、その後の生活維持活動をまとめた「被災時の活動手引き」を作成しました。また、災害備蓄倉庫、非常用トイレ、炊き出し用ベンチ、ソーラーLED外灯などの、生活維持のための施設整備計画を手引きのなかに盛り込みました。

今回の事業の過程で区役所とも協議を行い、管理組合と区役所の協定により、一時避難所の指定を受けることで、区役所から資機材や設備の配置、物資の供給などの支援が得られることがわかり、あわせて計画のなかに盛り込んでいます。

長期修繕計画見直し

前年に策定した長期修繕計画に、「第1次耐震補強計画」と「災害時生活維持のため施設整備計画」を組み込んで見直しを行いました。計画策定時点では数年後に大規模修繕工事を設定していましたが、これと第1次耐震補強工事を同時に実施する計画としました。これによって、大規模修繕工事のための足場などの仮設を活用することができ、補強工事後の仕上げの重複を避けるなどの合理化が図られます。

なお、この二つの大きな工事を同時に実施するためには手持ちの修繕積立金では不足するため、住宅金融支援機構のリフォームローンを利用し、それを10年で返済するための期間限定特別積立金を徴収するという資金計画としました。

災害時生活維持継続のための施設整備については5カ年計画で整備することとし、優先順位の高い災害備蓄倉庫から順次整備していくこととしました。

この三つの計画を「災害に強いマンションづくり計画」としてまとめ、管理組合に説明を行い、具体化を期していったん事業は終了しました。

この事業の過程ではいろいろな意見が聞かれました。災害時の諸活動において管理組合はどのような役割を果たせるのか、そもそも管理組合は建物設備の維持管理がその役割であり、防災や災害の分野は自治会の担当ではないか、などです。阪神淡路大震災と東日本大震災を目のあたりにして管理組合だ、自治会だといっている場合でないことは明白です。マンション、地域が一丸となって生き延びることを考えなければなりません。いざとなったらマンションに避難してこられるように、逆に地域の避難所で迷惑がられないように、日頃のコミュニティを大切に育んでいきたいものです。

コラム　防火管理者って何する人？

防火管理者は管理組合員が担う

区分所有の共同住宅（分譲マンション）の防火管理者は、通常は管理組合役員さんが担当していますが、役員でない区分所有者の場合もあります（建物の規模によって甲種と乙種があります）。

建物の所有者であり管理者である管理組合が防火管理者になるのは当然のことで、管理会社の社員や管理員が防火管理者というのはイレギュラーなケースです。ただし、新築分譲当初は暫定的に管理会社が担当する場合がありますが、多くは1年後くらいには役員などに移行します（そのまま管理会社の場合もときどきあります）。一般に防火管理者という役目、責務は管理委託内容に含まれるものではありません。

消防署への連絡、防火管理者になるための講習の受講、選任の届出、防火の組織体制や消防訓練の計画、実施なども管理組合の仕事であり、防火管理者がその中心を担います。消防署は親切ていねいに教えてくれます。多くのマンションでは、講習などに要する費用は当然に管理組合の負担ですし、そのために拘束された時間相当の実費を支払っている管理組合もあります。

防火管理者の責任が追及された例

火災による死亡などの事故が起きて、防火管理者の責任が追及された代表的な例としては、10年ほど前の歌舞伎町の雑居ビル火災で、火災に対する注意義務を怠ったとして、出火元の防火管理者が「業務上過失致死」容疑で逮捕されています。通常は消防署の指導にしたがって計画、訓練、消防設備の点検等を行っていれば逮捕されることはありませんが、いずれにしても、そんな責任を管理会社が負うことはありません。

防災を通じたコミュニティづくり

マンションの管理組合というのは単に所有者の集まりではなく、同じ建物に暮らす運命共同体です。最近、「自助」「共助」「公助」という言葉をよく聞くようになりましたが、管理組合は「共助」を実行する役割を担っています。

阪神大震災、東日本大震災を経験し、さらに今後、大きな災害が予想されるなか、防火管理者は、講習を受けただけの名ばかりの役割ではなく、地域の防災組織などと連携して「共助」の中心的な役割を担うことが期待されます。マンションのなかの防災訓練だけでなく、たとえば自治体の地域防災担当と相談して地域と合同の訓練を行うなど、防災を通じた日常的な地域コミュニティを育てていきたいものです（写真35）。

写真35　マンションの消防訓練のようす　訓練には消防署がはしご車を出して親切に指導してくれる。

5　建替えではない「再生」の時代へ

(1) 儲かる建替えに群がる業界人

以前、築30年、36戸のマンションから建替えの相談を受けたことがあります。私鉄駅の山手側徒歩5分で、デベロッパーの好奇心がジワッとうずくような立地です。

「そもそものきっかけは、排水管の取替え工事が必要になったが、部屋の中やお風呂の中を露出で配管が通るので見栄えが悪くなり、売却時の値が下がる、という話からです。エレベーターもないことだし、いっそのこと建替えをしよう、ということで検討しています。当初、建替えのコンサルタントやデベロッパーを連れてきた居住者の話では『負担なしで、ほぼ同じ面積が確保でき、引越しなどの諸経費はデベロッパーが負担する』ということだったので、建替えを検討することが総会で決議されました。しかし具体的に進み始めると、『等価の面積（還元率）は70％、引越しや仮住まいなどの諸経費は本人負担』ということになってきました。ほかに見積してくれる業者を紹介してほしい」というのが最初の相談でした。ほかにも

「コンサルタントの費用を当初提示された4500万円から1000万円にまけるというが、おかしくないですか？　図面はデベロッパーが描いているらしいですが、コンサルタントは何をしてくれるのかわかりません。不動産屋だという噂もあります」

などと、きっかけから進め方、相談内容に至るまで、すべてがあまりにも安易なので驚きました。最初の排水管の話も、下手な業者さんの話を真に受けたのだと思われます。

「いきなり他の業者に建替えの見積を求めるなどありえません。建替えを安易に考えすぎです。やめたほうがいいと思います」と前置きしたうえで、国土交通省の合意形成マニュアルを渡して、「少なくともこの手続きを経ながら進めてください」と、一通り説明しました。

その後、連絡はなくなったのですが、後日、役所の人から「あのマンションからの相談を受けられたそうですね。ウチにも相談にこられましたよ。難しいと言ったのですが、その後、東京のデベロッパーが引き受けているらしいですよ」という話を聞きました。大手の石油化学製品メーカーの系列会社で、関西ではマンションデベロッパーとしてはあまり知られていませんが、関東では建替えを多く手掛けているとのことです。

これは極端な例だと思いますが、立地のいい古いマンションは、少々の問題があっても儲かると見れば業界人たちが群がり、当の住民はほんろうされるばかりです。ほかにもこんなマンションがあるとすれば、非常に憂慮すべきことです。

(2)「建替えか、改修か」の岐路で考えるべきこと

建替えを推進しようとする力——ここでは建替え圧力と呼びます——にはいろいろとあります。単純に「古い」というのもあれば、「設備の陳腐化」「狭い」「エレベーターがない」というのも圧力になります。事業計画として成り立ちそうな立地と余剰容積をもった古い団地などは、建替え目当ての

投機的所有者からの圧力もあります。

大きな圧力の一つに「耐震性の不足」があります。耐震診断の結果、現行基準を満たしていない、診断結果に使われる言葉でいうと「きわめてまれに起こる大地震に対して倒壊、崩壊の危険性が高い」という圧力です。これは文字通り多くの人たちの心を揺さぶります。耐震補強は可能ですが、大きな費用がかかる、そんなにお金をかけても設備や狭さ、バリアフリーの問題は解消できない、いっそのこと建替えを、ということにつながります。

しかし、実はもっとも大きな建替え圧力は、「少ない負担で建替えができるなら、それに超したことはない」という普通の人たちの普通の感覚です。彼らは建替えに積極的というわけではありませんが、資金的になんとかなりそうな事業計画が示されると、あるいは前記の例のように「負担なしで」とか「経費はデベロッパーもち」などの、ありえないような甘言に惑わされることも含めて、建替えに賛意を抱き、当初からの建替え推進派よりも結果的に大きな圧力になります。

一般的に建替え事業計画は、保留床《ほりゅうしょう》*がいくらで売れるかがポイントです。いくらで売れるかは時間とともに変化します。最近は建設費の値上がりもあって、じわじわと負担が増える傾向になっているようです。いったん建替えの気持ちになると、先の例のようになかなか元へは戻れず、建替えへの茨の道を進んでいくことになる場合もあります。

＊保留床：建替え時に従前の権利者が権利として保有している床を権利床と呼び、建物の高層化などで権利者の保有する権利以上の床が生まれた場合の、余っている部分を保留床と呼ぶ。

「建替えか、改修か」という岐路で立ち止まって考えなければならないこと、それはお金の問題もさることながら、住まいそのものや住環境に対する住み手自身の考え方、希望、現状の満足度（不満度）を見つめ直すことです。「建替えによって得られるものは何だろう。それは修繕や改修によって得ることも可能ではないだろうか」とか、「建替えによって大切なものが失われないだろうか。建替えても、それが継承される可能性はあるだろうか」というふうに考えてみましょう。

もちろん、建替えのほうがよりよい結果が得られることもあるでしょう。単純にお金の計算だけではなく、環境やコミュニティを維持できるような建替え計画は可能だと思います。たとえば団地などの場合は全面建替えではなく1棟だけ建替える、それも還元率○○％という思考回路を転換して、戸数を2割ほど増やし、現住民にプラスして入居者を募ってコーポラティブハウスをつくる、などというのも選択肢の一つになるのではないでしょうか。

人はたいてい欲しいものに気を取られがちで、失われるものに気が付かないものです。欲しいもの、残したいものは何か、それは建替えでないと実現できないことか、改修でも得ることができるか、大切なものを失わないためにはどうしたらよいか、みんなの合意が得られるのかなど、岐路からどちらかに足を踏み出していくための裏づけを全住民とともにつくっていくことが大切です。

（3）再生で、子や孫に住み継がれるマンションづくりを

マンションは十数年おきに大規模修繕工事が必要なこと、長期修繕計画をもって計画的に修繕、改修を行って建物・設備を維持していく必要があること、の認識はほぼ定着してきているといえます。本書では、これらに取り組む管理組合を支援する立場で述べてきました。

それだけではなく「長く住み続けるための改良工事」や「住み継がれるマンションづくりのための改良工事」あるいは「耐震診断と耐震改修」「災害に強いマンションづくり」についても述べてきました。そして、実際に建替えを検討している団地での改修・再生計画づくりの事例を紹介し、建替えと同じ土俵で改修・再生計画に取り組める可能性に言及しました。

建替えの計画では、どれくらいの保留床が生み出せて、それはいくらで売れて、現居住者の負担はどの程度か、などを勘案して、その建替えが事業として成立するのかどうか、という事業計画を検討します。修繕、改修、再生計画の場合に、この「事業計画」に相当するのが長期修繕計画です。

これまでの長期修繕計画は「○○年に大規模修繕、○○年に給水管改修」というふうに、維持保全的な色彩の濃いものでした。しかしこれからは、維持保全に加えて、快適に安心して住み続けられる、若い人たちに選ばれるマンションづくりのために必要な改良や大規模な改造、あるいは耐震診断、耐震改修なども積極的に計画に盛り込み、建替えと同じ土俵で対比できる事業計画に昇華させていくことが求められます。

写真36　団地型分譲マンションの増築事例（上）と
UR賃貸住宅の再生実証実験例（下）

様々な改造や改良を段階的に積み重ねて、住まいとしての価値を上昇させ、建替えに対抗できる事業計画を組み立てることは不可能ではありません。

人口は減少し、空き家率が13・5％（820万戸、2013年）もあるのに、むりやり「保留床」をつくる必要はありません。もはやスクラップアンドビルドの時代は終わり、持続可能な住まいづくり、まちづくりが求められる時代がきています。持続可能な住まいやまちに欠かせないのはコミュニティです。長年にわたって培われた住環境やコミュニティを維持しながら、快適に住み続けるための改善、改良に積極的に取り組み、子や孫に住み継がれ、新しい若い世代が転入してくるようなマンションづくりを計画しようではありませんか。

あとがき

今年（２０１６年）３月に「住生活基本計画」（全国計画）が発表されました。これは「住生活基本法」にもとづいて、国および都道府県が策定する住宅政策に関わる計画です。長年スクラップアンドビルドを是としてきた日本の住宅政策の柱は、「第○期住宅建設５カ年計画」という5年ごとの建設計画でした。これは1世帯1住宅の確保を目標にしていた「住宅建設計画法」にもとづくものでしたが、数のうえでは1世帯1住宅は１９６０年代の終わりにはすでに達成されていました。

しかし、その後も住宅政策の基本を「建設」のまま「第8期」まで続け、平成に入った頃にとうとう空き家率が1割を超えてしまいました（２０１３〈平成25〉年には13・5％）。さらに人口減少、世帯数減少の時代を迎え、いつまでも「量の確保」という住宅政策を継続するわけにいかなくなり、「住宅建設計画法」にかわって２００６（平成18）年に「住生活基本法」が定められ、住宅セーフティネットの確保、国民の住生活の「質」の向上、良質なストックの将来世代への承継、と大きく政策が転換されました。

それから10年が経過し、新たに今後10年の計画が策定されたというわけです。今回の新たな計画のなかで、とくにマンションに対しては以下の2点が政策目標として提示されています。

①マンションの建替えの件数を、１９７５（昭和50）～２０１５（平成27）年の累計２４４件（震災建替え除く、実施中含む）を10年間で約５００件にする

②25年以上の長期修繕計画にもとづく修繕積立金額を設定している分譲マンション管理組合の割合を、２０１３（平成25）年の46％を10年間で70％にする

今回の計画は前回よりも「ストック重視」がさらに強調されているのですが、マンションについては「建替え」をこれまでの10年間の倍のスピードで進めるとしており、スクラップアンドビルドへの未練をにじませています。「建替え」＝「新築」なので「ストック活用」とは矛盾するはずですが、国の論理では「ストック活用」のなかに「ストック再生」が含まれ、「再生」のなかに「建替え」が含まれるのです。また、長期修繕計画の重要性については、時を同じくして発表された「マンション管理適正化に関する指針」のなかにも盛り込まれていますが、ここでも『建築後相当の年数を経たマンションにおいては、長期修繕計画の検討を行う際には、必要に応じ、建替えについても視野に入れて検討することが望ましい』と「建替え」を意識させることに余念がありません。

本書では「建替え」と「再生」は正反対のものとして扱っています。鉄筋コンクリートの建物は巨大地震に遭遇しない限り、簡単には壊れません。膨大な資源とエネルギーを使って建設したものを人間の寿命にも達しないうちに壊すなどは、今の時代にあってはナンセンス極まりありません。古いマンションの長期修繕計画策定（見直し）に際して「建替えも視野に入れて検討しましょう」という『専門家』がいるかもしれませんが、「3回も大規模修繕をやって給排水管も取り替えたのに、冗談はやめましょう、今はストックの時代ですよ」と、きっぱりと反論してください。

世界遺産に登録されたドイツの集合住宅（ジードルンク）は築90年を超えていますが、きれいに手入れされている現役のマンションです。みなさんも当面100年を目指して、いかに快適に暮らすか、いかに若者を誘致するか、ということを視野に入れて管理組合の事業計画すなわち長期修繕計画を考えてみてください。

《相談窓口》

●公的団体

公益財団法人マンションン管理センター　http://www.mankan.or.jp/

大阪市立住まい情報センター　http://www.sumai-machi-net.com/

神戸市すまいとまちの安心支援センター　https://www.smilenet.kobe-sumai-machi.or.jp/

京安心すまいセンター　http://www.kyoto-jkosha.or.jp/sumai/

●管理組合団体

特定非営利活動法人全国マンション管理組合連合会（全管連）
〒101-0041　東京都千代田区神田須田町1丁目20番　製麺会館ビル3F
URL：http://www.zenkanren.org　TEL：03-5256-1241
E-mail：info@zenkanren.org　FAX：03-5256-1243

※全国の加盟団体はホームページから検索してください。

●技術者団体

特定非営利活動法人集合住宅維持管理機構　http://www.kikou.gr.jp/
一般社団法人マンション維持管理機構　http://www.ccg-chubu.org/
特定非営利活動法人都市住宅とまちづくり研究会　http://www.tmk-web.com/
特定非営利活動法人設計共同フォーラム
http://www.interq.or.jp/japan/sekkei-f/forum.html
特定非営利活動法人建築ネットワークセンター
http://www.kenchikunet.org/index.html

●新建築家技術者集団の全国各支部

＜全国事務局＞
〒162-0811　東京都新宿区水道町2-8 長島ビル2F
URL：http://www.shinken-nuae.org　TEL: 03-3260-9800
E-mail：shinken@tokyo.email.ne.jp　FAX: 03-3260-9811

＜支　部＞

支　部	電話番号	事務局住所・連絡担当者
熊　本	(096) 355-1734	〒860-0072　熊本市花園7-41-50　入口史彦
福　岡	(092) 541-8128	〒815-0041　福岡市南区野間3-9-20 コニシビル4F ケイ・プラッツ　鹿瀬島隆之
岡　山	(0862) 23-4737	〒700-0905　岡山市春日町9-1　㈱VANS岡山事務所　赤澤輝彦
兵　庫	(078) 272-9400	〒651-0094　神戸市中央区琴ノ緒町5-7-4 サンシャイン三宮202 新建築家技術者集団兵庫支部　川口憲一

支　部	電話番号	事務局住所・連絡担当者	
大　阪	(06) 6765-4145	〒540-0012	大阪市中央区谷町5丁目3-16-603 F.P. 空間設計舎　大槻博司
奈　良	(0742) 93-4245	〒630-8314	奈良県奈良市川之上突抜町18-7 アル建築設計　渡邊有佳子
京　都	(075) 431-1120	〒602-8201	京都市上京区笹屋町通大宮西入ル桝屋町601番地 企業組合もえぎ設計
福　井	(090) 7740-1688	〒910-0018	福井市田原2-22-17 レオパレス田原町Ⅲ 104号 野田真士
石　川	(076) 241-6661	〒921-8103	石川県金沢市つつじが丘201 杉山真設計事務所　杉山真
富　山	(076) 491-5255	〒930-0065	富山市星井町1-7-1 為井ビル3F 千代建築設計室　千代固志
岐　阜	(058) 233-9179	〒501-0103	岐阜市一日市場2-183-2　カラム建築計画所　藤吉勝弘
滋　賀	(0748) 42-5611	〒521-1211	東近江市垣見町712-5　㈱創作舎　小杉光史
愛　知	(0568) 34-7775	〒486-0904	愛知県春日井市宮町1-11-25　㈱宮工務店　甫立浩一
三　重	(059) 293-3969	〒515-2514	津市一志町小山894　細野良三
静　岡	(054) 205-3222	〒420-0949	静岡市与一6-14-55　㈲創作舎　大塚功二
長　野	(0265) 72-8037	〒399-4501	長野県伊那市西箕輪3900-272 AED建築研究所　新建長野支部　山住博信
新　潟	(0255) 26-0459	〒943-0836	上越市東城町3-10-6N ビル3F　構造設計舎　岩野克行
神奈川	(044) 977-5722	〒216-0014	川崎市宮前区菅生ケ丘6-25　永井幸
東　京	(03) 3260-9810	〒162-0811	新宿区水道町2-8 長島ビル2F 新建築家技術者集団東京支部
千　葉	(043) 253-8801	〒264-0032	千葉市若葉区みつわ台5-4-14 ㈱ゆま空間設計　加瀬澤文芳
埼　玉	(0492) 24-2000	〒350-0041	川越市六軒町1-3-5　㈱アート設計事務所　星厚裕
群　馬	(0272) 51-8580	〒371-0825	前橋市大利根町2-9-12 たかはし設計室　高橋丈夫
宮　城	(022) 271-3301	〒981-0914	仙台市青葉区堤通り雨宮町6-7-704 堤通り雨宮パークホームズ　新建築技術者集団宮城支部
岩　手	(019) 636-4436	〒020-0866	盛岡市本宮5丁目14-21 新建築家技術者集団岩手支部　小笠原浩次
青　森	(017) 773-3746	〒030-0862	青森市新町1-11-15　森内建設株式会社　大谷政彦
北海道	(011) 726-8988	〒001-0025	札幌市北区北25条西15丁目3-16 ㈲大橋建築設計室　大橋周二

著者紹介

大槻　博司（おおつき　ひろし）

1960年大阪市生まれ　一級建築士
1982年に近畿大学理工学部建築学科卒業後、設計事務所勤務を経て
1996年に一級建築士事務所 F.P. 空間設計舎設立
1991年から集合住宅維持管理機構（現、特定非営利活動法人集合住宅維持管理機構）に参加
1996年から同機構の主任専門委員として、現在まで、調査診断や大規模修繕工事の設計監理、長期修繕計画の策定など100件以上のマンション管理組合の支援業務を行う。
F.P. 空間設計舎としては個人住宅の新築・リフォーム、店舗の新装・改装、コーポラティブハウス、保育園の新築から、欠陥住宅等の相談・調査・裁判の支援など、普通の人々のための建築活動を続けている。
共著『大規模改修によるマンションのグレードアップ事例集』2016年、彰国社
新建築家技術者集団　全国常任幹事
月刊誌「建築とまちづくり」副編集委員長

新建叢書①
大規模修繕　どこまでやるの　いつやるの　<検印廃止>

2016年11月10日　初版発行

企　画　新建築家技術者集団
著　者　大槻　博司

発行者　有馬　三郎
発行所　天地人企画
〒134-0081　東京都江戸川区北葛西 4-4-1-202
電話・FAX　03-3687-0443

編集・DTP制作：森編集室　／　装幀：(有) VIZ 中平都紀子　／　印刷・製本：光陽メディア

ISBN978-4-908664-02-1 C2052
定価はカバーに表示

新建叢書の発刊にあたって

新建築家技術者集団（略称「新建」）は、戦前・戦後の建築運動の伝統を受け継いで、1970年に設立されました。私たちは日々の仕事や地域活動を通して、国土を荒廃から守り、住民のための住みよい豊かな環境を創造するという理念の実現に努めています。また、建築家技術者としての知見を社会に広め、市民・住民と共有するために、機関誌「建築とまちづくり」を発行し、設立20周年には『生活派建築宣言』を、40周年には『社会派建築宣言』を刊行しました。この度、こうした活動をさらに発展させて、建築まちづくりの諸課題を、テーマごとに掘り下げた「新建叢書」を発行することになりました。

昨今は、世の中が低成長の時代になり、高度成長期のような建設ラッシュは過去のものとなり、地球環境保護の観点から開発を抑制する考えが広まっています。にもかかわらず、大規模開発や巨大な建築を是とする考えが根強く残っており、リニア新幹線や原子力発電はその一例です。一方、人びとの生活環境向上の課題は山積しています。

私たち建築技術者は、いま、優れた先人が持っていた「ものづくり」に対する情熱、知識、技術を真摯に学び発展させ、もって国民の生活空間向上に貢献することが求められています。実践から得た知識や経験を伝え、今後のあり方や方向性をともに考えるのが「新建叢書」発刊の目的です。

読者のみなさま、とりわけ未来を担う若い世代の人々に歓迎されることを願ってやみません。

新建叢書出版委員会